Contromano

VOLUMI PUBBLICATI

Alberto Campo
*Get Back!
I giorni del rock*

Aldo Nove
Milano non è Milano

Yurij Castelfranchi
*Amazzonia.
Viaggio dall'altra parte del mare*

David Randall
Il giornalista quasi perfetto

Federico Rampini
San Francisco-Milano

Emanuele Trevi
*Senza verso.
Un'estate a Roma*

Giuseppe Culicchia
Torino è casa mia

Enrico Palandri
*Pier.
Tondelli e la generazione*

Roberto Alajmo
Palermo è una cipolla

Roberto Alajmo
Palermo è una cipolla

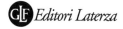

© 2005, Gius. Laterza & Figli

Prima edizione 2005

Proprietà letteraria riservata
Gius. Laterza & Figli Spa, Roma-Bari

Finito di stampare nel luglio 2005
Poligrafico Dehoniano - Stabilimento di Bari
per conto della Gius. Laterza & Figli Spa
CL 20-7436-2
ISBN 88-420-7436-5

Indice

UNO: benvenuto nella Città	3
DUE: i luoghi comuni	21
TRE: mal di Città	31
QUATTRO: la morte non è poi così brutta come la si dipinge	43
CINQUE: gli sguardi e le facce	53
SEI: a proposito di mangiare	65
SETTE: il mare non bagna la Città	77
OTTO: le ville, i giardini	89
NOVE: pratiche di autoesotismo	101
DIECI: o la va o la spacca	111
Ringraziamenti	125

Palermo è una cipolla

UNO:
benvenuto nella Città

Bisogna farsi dare un posto dal lato del finestrino e sperare di arrivare in una giornata limpida e soleggiata. Ce ne sono anche d'inverno, perché in ogni stagione la Città ci tiene a fare sempre la sua figura. Quando l'aereo comincia ad abbassarsi, dal finestrino appaiono le scogliere rosse di Terrasini, e il mare color turchese e blu senza che si possa dire dove finisce il blu e dove comincia il turchese. Persino le case, i cosiddetti villini, ti possono sembrare magari troppi, ma visti dal cielo non mostrano la sciatteria con pretese di originalità che invece rivelano nell'inquadratura dal basso. Tu osservi tutto questo e pensi di essere arrivato nel posto più bello del mondo. Ammettilo: credevi di esserti fatto un'idea della Città e dell'Isola perché è difficile sfuggire ai luoghi comuni; ma di fronte allo spettacolo della costa intorno all'aeroporto ogni pregiudizio cade all'istante.

Guardando dal finestrino hai il tempo di formulare pensieri del genere, di struggerti di fronte a tanta bellezza, persino di riflettere sull'ipotesi di mollare tutto – lavoro, famiglia, radici – per venire a vivere da queste parti. E quando ormai la tua testa si è scaldata all'idea di un'estate perenne, ecco che subito arriva un contrordine. Arriva sempre dal finestrino, perché mentre hai ancora gli occhi pieni di luce e mare, ecco che ti si para davanti una montagna. Un'enorme montagna grigia su cui l'aereo sembra destinato a schiantarsi da un momento all'altro.

L'aeroporto di Punta Raisi è costruito su una stretta lingua di terra che separa il mare dalla montagna; tanto che in passato è successo che un aereo sia finito sulla montagna (5 maggio 1972) e un altro in mare (23 dicembre 1978). L'aeroporto della Città è fatto così. La Città è fatta così. Tu, viaggiatore, queste cose prima di partire le sapevi, ma le avevi dimenticate di fronte all'accecante bellezza del paesaggio. Adesso magari ti fai prendere da una leggera forma di panico, perché la montagna si avvicina, e si avvicina in maniera preoccupante. Ma puoi stare tranquillo, alla fine non succederà niente perché i piloti ormai sono bravi a infilarsi esattamente nella striscia praticabile fra mare e montagna, e nel susseguente sollievo avrai modo di riflettere sul fatto che la Città ha provveduto ad avvertirti subito: non credere che le cose da queste parti siano sempre come appaiono a prima vista. Non è che tu ti possa abbandonare alla contemplazione del bello come se fossimo in Polinesia o nella campagna toscana. Qui non c'è da fidarsi, e anzi è proprio quando sembra di aver raggiunto l'estasi che arriva il cazzotto sullo sterno, quello che ti leva il fiato e ti costringe a riprendere la misura del distacco dalle cose.

La difficoltà del pilota in fase di atterraggio, il problema di evitare gli opposti disastri di mare e montagna, è una metafora delle difficoltà quotidiane che comporta il fatto di vivere nell'Isola in generale e nella Città in particolare; che dell'Isola è, oltre che capitale, anche una specie di grandiosa esasperazione. Meglio dunque non rilassarti mai, tenere i sensi sempre all'erta. Da un momento all'altro potrebbe succedere qualcosa di irreparabile.

Una volta recuperato il bagaglio – operazione anche questa non facile a Punta Raisi: non proprio come atterrare, ma quasi – prendi un taxi e tieni gli occhi aperti. Per capire una città, tante volte basta fare il tragitto che va dall'aeroporto al centro. Nell'impossibilità di una visita più approfondita – mentre si aspetta una coincidenza, magari – basta prendere un taxi, andare e tornare. Nel tragitto autostradale c'è buona parte di ciò che la città, consciamente o inconsciamente, ci tiene a far sapere di sé. Non è tutto, né è tutto spontaneo. Ma tenendo gli occhi aperti almeno qualcosa si riesce a capire. Fra l'aeroporto e il centro si trova il biglietto da visita della città. Ci sono città che questo lo sanno, ne tengono conto e curano la propria immagine mettendo in mostra il meglio; e ci sono città che invece se ne fregano dell'immagine e lasciano fare al caso. La Città appartiene a questa seconda categoria. Tuttavia anche il caso si riserva le sue sottigliezze, e nel giro di pochi chilometri ha provveduto a distribuire almeno tre punti focali.

Il primo di questi punti arriva quasi subito. Guardando a sinistra, verso il mare, più o meno all'altezza di Carini vedrai una bidonville costruita direttamente sulla spiaggia. Lo stato di abbandono in cui versano le baracche, il fatto che sembrino costruite con materiali raccolti in una discarica, che siano corrose dalla salsedine, tutto lascia pensare che si tratti di un quartiere abusivo per necessità. Gente costretta a vivere in condizioni da terzo mondo. Magari sei autorizzato a immaginare che qualcuno avrà fatto il furbo trasformando la necessità in virtù: dovendosi costruire un tetto sotto il quale dormire, tanto valeva costruirselo in riva al mare. E invece no, nessuna necessità abitativa: queste baracche sono le seconde case degli abitanti della Città. Le case dove la gente si trasferisce d'estate per fare la villeggiatura.

A suo tempo vennero costruite secondo le regole del far west. Oggi chi vuole fare lo spiritoso la chiama edilizia creativa, sebbene l'espressione stia poco a poco perdendo la sua connotazione sarcastica, e presto *edilizia creativa* diventerà uno stile a se stante. I muri non sono intonacati perché poi ci sarà tempo di intonacarli. I tondini di ferro spuntano dal tetto perché non è detto che un domani non si riesca a realizzare un altro piano per la figlia che si sposa. Le case si lasciano incompiute nelle parti esterne per diversi motivi; alcuni pratici e altri, per così dire, etici. Intanto si aspetta sempre una sanatoria che consenta di rendere l'abitazione ineccepibile anche all'occhio fiscale dello Stato. E poi c'è il fatto che l'interno è una cosa e l'esterno un'altra. Nell'Isola quel che avviene un passo oltre la soglia di casa è considerato superfluo, se non addirittura volgare. Per rendersene conto basta visitare un condominio. Un condominio qualsiasi, dove abita anche gente ricca. Se ti capita, facci caso: dopo le sei del pomeriggio ogni appartamento avrà un sacchetto di spazzatura poggiato per terra appena fuori dall'uscio. Nelle ore precedenti il sacchetto si è andato riempiendo, fino a quando la brava madre di famiglia si è incaricata di farne una confezione da relegare fuori dalla sacra cerchia delle mura di casa. Appena possibile la spazzatura va messa a carico della comunità, fosse anche solo quella comunità solidale che è il pianerottolo di un condominio. Una volta chiuso e annodato, il sacchetto non riguarda più gli abitanti della casa. L'immondizia appartiene alla sfera pubblica. La casa deve rimanere inviolabile dalle sporcizie del mondo. Perciò c'è da scommettere che l'arredamento interno delle case sul litorale di Cinisi è curatissimo, in pieno contrasto con l'aspetto esterno. Dell'aspetto esterno i proprietari se ne fregano, non è particolare che li riguardi. La facciata esterna è spazzatura, e come tale riguarda lo Stato.

Ma c'è pure un altro motivo per cui queste case sono tanto sciatte a vedersi. Gli abitanti della Città nutrono un'avversione scaramantica per ogni forma di compiutezza. Se inaugurano un teatro, lo fanno sempre in assenza di qualche requisito essenziale per il pieno funzionamento. Se si costruisce una diga saranno le canalizzazioni a restare incompiute. Al completamento si penserà poi, se e quando sarà possibile. Dietro questa sistematica inconcludenza è possibile rintracciare un profilo ancestrale di superstizione. Sembra quasi che gli abitanti della Città inconsciamente avvertano che nella piena compiutezza è inscritta un'infelicità latente. Sopravvive l'antica credenza che l'appagamento possa attrarre il malocchio degli invidiosi, ma non è solo questo. Il vero timore riguarda lo sconforto che deriva dal non avere qualcosa che pensavi di avere una volta che finalmente hai avuto tutto quello che desideravi avere. C'è sempre qualcosa che sfugge alle maglie anche strette della rete che ci siamo fabbricati con le nostre mani. Allora tanto vale lasciare che le cose vengano come vengono. Forse è addirittura un retaggio arabo. Nella perfezione della tessitura dei loro tappeti gli antichi maestri persiani introducevano sempre un piccolissimo errore. Lo facevano apposta per non sfidare Dio sul terreno che è solo di Sua competenza. Quello della perfezione, appunto. Ma qui, nelle case davanti al mare di Carini, si è decisamente esagerato con questa forma di devozione.

C'è stato un sindaco, qualche anno fa, che aveva provato a farle abbattere scontrandosi col piagnisteo dei proprietari. Quando poi questi proprietari sono apparsi in televisione si è visto che effettivamente non appartenevano alla tipologia degli abitanti di una bidonville. Non parevano abusivi per necessità. Erano anzi dei buoni borghesi che possedevano tutti i mezzi culturali ed economici per difendere le loro ragioni. Difatti quelli del Comune fecero in tempo a tirare giù un paio di villini a favore di telecamera, e subito dopo le demolizioni si fermarono. Alla successiva tornata il sindaco non venne rieletto, l'amministrazione cambiò, e di demolizioni da allora non si è più parlato.

In quanto viaggiatore ben attrezzato sei tenuto a sapere che in Città e nei dintorni l'abusivismo edilizio è quasi l'unico intervento urbanistico di recente realizzazione. Specialmente nel centro storico o in prossimità della costa i vincoli sono molto severi, tanto che nessuno si azzarda a costruire, tranne la categoria dei mascalzoni senza scrupoli. Se si esclude il nuovo palazzo di Giustizia, dal dopoguerra a oggi quasi mai è arrivata una significativa committenza architettonica di qualità, pubblica o privata. La regola formale è che non si può contaminare antico e moderno. Il risultato della regola è che questa generazione sarà la prima e unica, nella storia dell'umanità, a non lasciare traccia del proprio passaggio sulla terra. Nessun intervento qualificato, almeno. Quando fra mille anni gli storici dell'arte si interrogheranno sullo stile architettonico in voga fra novecento e duemila, la risposta non lascerà scampo: l'abusivismo edilizio.

Oppure: le pagode. Perché ci sono anche le pagode. Ne incontrerai parecchie, una volta arrivato in città, tanto da immaginare che siano previste da un piano paesaggistico ben preciso, tutte uguali e bianche come sono. I greci hanno lasciato il modello perfetto dei loro templi. I romani portarono a compimento l'ideale dell'anfiteatro. I bizantini le loro basiliche. Gli arabi acquedotti e moschee. I normanni le chiese con la cupoletta. Gli spagnoli i portali gotico-catalani. Dell'epoca barocca si celebra il fasto degli oratori di Giacomo Serpotta. L'eredità ottocentesca è nella compostezza severa delle facciate cittadine. E allo stesso modo anche gli odierni abitanti della Città lasceranno ai posteri una prova architettonica del grado di civiltà conseguito, ciò che dopo diecimila anni di evoluzione del gusto sulle sponde del Mediterraneo hanno saputo elaborare di originale e progressivo: le pagode.

Se l'Isola crollasse o sprofondasse, se ogni memoria venisse cancellata e fra duemila anni gli archeologi riportassero alla luce le rovine del centro abitato, questo sarebbe il nome che darebbero alla nostra cultura: la Civiltà delle Pagode. Con riferimento non alla Palazzina Cinese, che pure esiste, ma piuttosto ai gazebo in forma di pagoda bianca che popolano ogni angolo della Città. Oltretutto, essendo di plastica, la pagoda è difficilmente biodegradabile, e le future generazioni di archeologi avranno ogni comodo di studiare il pagodismo in tutti i suoi risvolti più interessanti.

La Pagoda di plastica è per gli abitanti della Città quel che i nuraghi sono stati per il popolo sardo. Quel che le grandi teste di pietra rappresentano per gli abitanti dell'isola di Pasqua. Quel che i trulli sono per la civiltà contadina pugliese. Quel che gli igloo sono per gli eschimesi. Non c'è giardino, piazza, parcheggio, lungomare che ne resti incolume. Ovunque ci sia uno spazio, lì prima o poi sorgerà una Pagoda. È diventato ormai un riflesso urbanistico condizionato, una forma di *horror vacui*. Ogni pausa nel tessuto edilizio, ogni panorama marino viene vissuto come una specie di vergognoso strappo sul dietro dei pantaloni. E la Pagoda rappresenta la toppa ideale.

Che serva a vendere oggetti da regalo o libri, che ospiti una rassegna d'artigianato o pittura, che si vogliano raccogliere firme o offerte per cause umanitarie, sarà sempre una pagoda la cornice architettonica prescelta. Anzi, l'unica possibile. La Pagoda è comoda. Si monta facilmente e facilmente potrebbe essere smontata. *Potrebbe*, perché sullo smontaggio in verità non esistono notizie certe, dato che la Pagoda per sua natura tende a rimanere dov'è. Si sedimenta. Agevola l'usucapione del terreno pubblico sul quale è stata eretta. Se viene allestita allo scopo di ospitare una bancarella di giocattoli in vista del due novembre, poi non vale la pena di smontarla a ridosso delle feste di fine anno, quando accoglierà addobbi natalizi e presepi. E poi c'è Carnevale: maschere e finte merde. E poi Pasqua: uova e colombe. E poi l'estate: salvagenti e canottini. Ed è subito autunno, quando l'eterno ciclo della pagoda può ricominciare ancora e sempre, nei secoli dei secoli. Bisogna prenderne atto e rassegnarsi: per questo in futuro saremo ricordati noi, attuale generazione di abitanti della Città. Per le pagode e per l'abusivismo edilizio con vista mare.

Quel che vedi transitando in velocità sull'autostrada è una fila di case cariate, fatte a somiglianza di una dentatura andata a male. Il dentista ha provato a estrarre qualche dente guasto e, attraverso il varco, a tratti riesci persino a scorgere il mare. Il mare di per sé sarebbe una visione allegra. Ma l'impressione che fanno i varchi è, se possibile, ancora peggiore della pessima edilizia che costituisce la norma del litorale. Dopo le demolizioni le macerie sono state portate via solo in parte, nessuno ha pensato a una sistemazione dei luoghi. Perciò i varchi attraverso i quali si può vedere il mare sono dolorosi, perché rappresentano il memoriale di una battaglia perduta. Stanno a ricordare a tutti che ci fu un momento in cui pareva che certe battaglie valesse la pena di combatterle, se non addirittura di vincerle.

Di questo genere di battaglie nella Città se ne sono combattute parecchie. Così come parecchi sono i monumenti involontari che stanno lì a ricordarle. Un altro memoriale di battaglia perduta si trova pochi chilometri più avanti. Sulla destra. All'altezza di Capaci.

Fino a qualche anno fa succedeva che durante le conversazioni in automobile, durante qualsiasi conversazione fatta viaggiando fra Punta Raisi e la Città, ci fosse una pausa improvvisa. Era il momento in cui si transitava davanti al tratto di guardrail dipinto di rosso. Se c'era un ospite straniero lo si avvertiva qualche decina di metri prima: guarda, stiamo per passare dal punto in cui c'è stato l'attentato. Poi, la pausa. Era una pausa di silenzio in cui ognuno pensava a dov'era quel giorno, a cosa stava facendo. Poi la pausa finiva e la conversazione riprendeva.

Poi quel tratto di autostrada è cambiato. Ci hanno messo una stele da ciascuno dei due lati, coi nomi, la data e tutto. Spesso c'è ancora la corona di fiori che hanno lasciato il ventitré maggio precedente, e siccome i fiori appassiscono nel giro di qualche giorno, anche questo dettaglio contribuisce a immalinconire la grandiosità della scena.

Col tempo, i due obelischi e la corona di fiori appassiti che ci sta appoggiata sopra sono entrati a far parte del paesaggio. Passandoci davanti nessuno più sente il bisogno di fermare la conversazione. Ci si è abituati. Al massimo c'è un breve pensiero su come eravamo, quanto tempo è passato, cose così. È normale. È l'ordinaria elaborazione del lutto, specialmente quando è lo Stato a essersi fatto carico di ricordare con commozione, attraverso monumenti e cerimonie.

Eppure esiste un senso di colpa molto isolano che dopo ciascun delitto di mafia, di solito a ogni anniversario, induce a porsi una domanda un po' stronza: *è stata inutile, la sua morte?* Come se esistesse un criterio utilitaristico per la morte di una persona. Come se fosse possibile stabilire una soglia di convenienza sotto la quale non vale la pena di morire. Come se la morte potesse essere messa su una bilancia e pesata. Come se la morte fosse una merce. Come se ci fosse un mercato dove scambiarla. Come se ci fosse un'altra merce in grado di essere scambiata con la morte di una persona.

A un certo punto però sì: sembrava di poter dire, *a posteriori*, che la morte di Falcone e quella di Borsellino fossero state diverse. Per quanto ripugnante possa apparire, ci fu un lungo momento in cui furono in molti a pensare che quelle morti potessero risultare almeno *non inutili*. Dal '92 al '94 questa concezione utilitaristica della morte trovò una applicazione una volta tanto positiva con la rivolta civile antimafiosa. Per due anni la Città si convinse di essere prefigurazione del migliore futuro di tutta l'Italia. Si è sempre detto che nella Città le cose succedono prima. Di sicuro succedono con un'evidenza persino esagerata. Allora una parte degli abitanti della Città si domandò: perché una rivolta morale non può cominciare da qui?

Prima del '92 la pratica comune era di delegare la lotta alla mafia. Si mandavano a morire giudici e poliziotti, e poi ci si indignava per la loro morte. In seguito, l'arco dell'indignazione iniziava la sua parabola discendente, parallela a quella dell'indignazione statale, fino a quando le cose finivano sfumando nel nulla. Ci si ricordava dell'anniversario, si faceva un processo che almeno nella sua lungaggine serviva a prolungare la memoria, e alla fine il tutto tornava nell'ordinaria amministrazione della convivenza-sopravvivenza.

Per capire perché i delitti Falcone e Borsellino segnarono il punto cruciale della prima, vera, unica e breve insurrezione antimafia, bisogna forse risalire all'agosto del '91, quando era stato ucciso Libero Grassi. Rispetto agli altri, Grassi era un delegato antimafia unilaterale. Si era delegato da solo. Non aveva ricevuto un mandato ufficiale da parte di nessuno. Non era poliziotto o magistrato. Non combatteva la mafia per professione, non era pagato per questo. Non era nemmeno il primo delegato unilaterale della storia della lotta alla mafia; ma fu il primo a usare i mezzi di comunicazione di massa. Le sue denunce andò a farle in televisione, convinto che questo rappresentasse per lui una specie di assicurazione sulla vita. Era un calcolo sbagliato, come dimostra il fatto che venne ucciso, che anzi *dovettero* ucciderlo proprio per la pubblicità che aveva dato alle sue denunce. Libero Grassi voleva essere un esempio per dare coraggio agli imprenditori onesti, e lo uccisero proprio per rovesciare questo esempio.

La mattina in cui gli spararono era solo, ed era praticamente solo anche al funerale, quando la Città rimase a spiare da dietro le imposte, secondo il copione di tanti film sulla mafia. Questa volta però era diverso, non era omertà: era vergogna. La Città si vergognava perché il movente del delitto era stato reso noto in anticipo proprio per l'uso che Libero Grassi aveva fatto dei mezzi di comunicazione di massa. In quell'occasione nessuno poté fare finta di nulla. Non funzionò nemmeno il bozzolo della minimizzazione che dopo ogni delitto viene messo in opera da ambienti mafiosi o paramafiosi: un intreccio di fatalismo e diffamazioni postume che però stavolta si dimostrò inutile, perché il movente era stato messo da tempo sotto gli occhi dell'opinione pubblica. Quella fu la prima volta in cui la Città non poté fare a meno di vergognarsi di se stessa, come un gatto cui strofinano il muso nell'angolo del salotto dove ha fatto pipì.

Attenzione, però: fu la vergogna di chi non ammetterebbe mai di doversi vergognare. Nell'immediato nessun segnale arrivò dai colleghi imprenditori di Libero Grassi, che continuarono imperterriti a pagare il pizzo. Fu piuttosto una rivoluzione lenta, dal basso; una rivolta morale in cui la classe dirigente, imprenditoriale e politica ebbe un ruolo del tutto marginale.

Le due stragi del '92 furono la prima occasione per dare sfogo al senso di colpa cittadino che nel frattempo aveva cominciato a lievitare nel ventre della Città. Il senso di colpa prese forma di corteo, diventarono visibili i fermenti della società civile nei suoi strati medio-bassi e deresponsabilizzati. Scesero in piazza in molti, dicendo tutti più o meno la stessa cosa: ora basta.

E siccome in quei giorni nella Città c'erano ancora gli inviati della stampa di mezzo mondo che aspettavano di vedere se per caso succedeva un'altra strage, i cortei antimafia e il comitato dei lenzuoli finirono per diventare, in mancanza d'altro, l'apertura dei telegiornali. Finita la manifestazione, la gente tornò a casa, vide se stessa sfilare in televisione, si riconobbe, si accorse che almeno nella prospettiva televisiva era apparente maggioranza e tornò in piazza l'indomani, e l'indomani ancora, specchiandosi all'infinito nella riproduzione mediatica della propria indignazione. Per la prima volta la Città lesse di se stessa sulla stampa un'interpretazione in positivo. E questo le piacque. Più o meno per due anni sembrò che potesse succedere qualcosa, che qualcosa stesse per succedere da un momento all'altro. A un certo punto parve addirittura che qualcosa stesse succedendo davvero.

Ci fu un lungo momento in cui poliziotti e carabinieri smisero di essere sbirri. Prima, quando una coppia di ragazzi sul vespino vedeva dietro la curva una pattuglia, uno dei due diceva: *gli sbirri*. Oppure: *i migni*, che significa la stessa cosa, qualcosa che oscilla più o meno fra *pericolo* e *vaffanculo*. Nel breve periodo dei due anni dopo le stragi, invece, quando i ragazzini senza casco vedevano dietro la curva una pattuglia, si preoccupavano forse allo stesso modo, ma si limitavano a dire: *la polizia*. Si sentivano in difetto e cercavano scampo in una traversa, ma quel che volevano dire dicendo *la polizia* era solo: la polizia. Almeno i figli della borghesia perbene non dicevano più *i migni* o *gli sbirri* per indicare le forze dell'ordine. Dicevano: *la polizia*.

Pare una cosa da niente, ma non è così. Se un cambiamento ci fu, questa evoluzione lessicale ne fu il miglior simbolo: per i ragazzini la polizia non era più pregiudizialmente ostile. Era qualcuno a cui potersi rivolgere con fiducia condizionata. I rappresentanti dello Stato erano diventati cobelligeranti. Questo era un effetto che derivava dalla radicalizzazione dello scontro Mafia-Resto del Mondo seguita alla prevalenza dell'ala stragista di Cosa Nostra.

Le generazioni precedenti dicevano *gli sbirri* non perché fossero formate da delinquenti abituali, ma perché si portavano dietro un retaggio ancestrale. Sbirri erano i rappresentanti dei Savoia e quelli dei Borboni; e prima ancora, risalendo ai rami più remoti nella genealogia delle dominazioni, sbirri erano pure i rappresentanti del potere fenicio. Poi – a un certo punto, per la prima volta, centoquarant'anni dopo l'impresa dei Mille – non fu più così. Per un momento sembrò dover cambiare qualcosa che era rimasto uguale per tremila anni.

Naturalmente questo cambiamento riguardava solamente il ceto medio, e di certo non valeva per tutti i suoi rappresentanti. Restavano fuori quelli che avevano peccati da nascondere ben più gravi dell'andare in vespino in due senza casco. Il tasso di connivenza fra criminalità organizzata e classe imprenditoriale rimase altissimo. I traguardi raggiunti in campo culturale erano innegabili, ma rimasero fini a se stessi, se si considera il tentativo di consolidarli in ambito economico. A un imprenditore che volesse investire nell'Isola veniva ancora prescritto il dilemma fra collusione ed eroismo. E non è questo il genere di coraggio che si possa prescrivere a un investitore.

Le fughe in avanti furono dovute al benigno desiderio di gettare il cuore oltre l'ostacolo, quando non ascrivibili alla demagogia pura e semplice. Ma l'insurrezione morale seguita alle stragi era un piccolo fuoco da tenere al riparo dalla pioggia. Perché difatti dopo l'estate ricominciò come sempre a piovere. I poliziotti ricominciarono a chiamarsi *sbirri* e le cose ripresero ad andare come erano sempre andate.

Volendo semplificare, l'insurrezione morale cominciò a iniziare subito dopo le stragi e cominciò a finire con l'elezione a sindaco di Leoluca Orlando. Fu il tempo dovuto all'elaborazione del lutto e concluso con una nuova delega di vecchio stampo. Unica differenza: non si delegò più solo alla magistratura, ma anche alla classe politica. La società civile decise di eleggere per una volta un personale politico un po' migliore di se stessa, affidandogli il compito di combattere la mafia. Ma non solo questo: la nuova generazione di amministratori era tenuta a fornire risposte su ogni argomento, debito e indebito. Tutto quanto era ovvio e possibile, ma anche molto dell'impossibile. Le aspettative suscitate da Orlando erano enormi. Orlando diventò il santo protettore della Città. Nel bene e nel male, di ogni cosa venne ritenuto responsabile Orlando. E naturalmente, col tempo, a Orlando venne addebitata la colpa di non aver saputo mantenere accesa la speranza. Non si tenne conto del fatto che, salvo brevi periodi, a un sindaco e al proprio coniuge non si chiede speranza: si chiede affidabilità e costanza. Per lungo tempo venne alimentato il mito di una Città rinata, ma proprio questa rinascita diretta dall'alto divenne anche l'alibi per un disimpegno generalizzato. Dopo la cosiddetta primavera della Città venne la malinconica estate – malinconica, ma estate – dei lenzuoli alle finestre e delle catene umane. Poi arrivò un autunno soleggiato e infine l'inverno del ripiegamento della società civile su se stessa.

Per scoprire come è andata a finire, basta dare tempo al viaggio di fare il suo corso. In fondo il taxi si trova già alla fine dell'autostrada, sta imboccando la circonvallazione. Qui si trova il terzo indizio, la terza traccia che la Città ha lasciato di sé lungo il tragitto d'esordio di ogni visitatore. È una traccia fantasmatica, perché ormai non c'è più. Se fossi venuto qualche anno fa l'avresti visto. Anche fisicamente visto. Era un cartello giallo rimasto sulla carreggiata per anni. Ora non puoi fare altro che sforzarti di immaginartelo. Sul cartello giallo c'era scritto a caratteri neri:

IMPIANTO DI ILLUMINAZIONE SPENTO PER ADEGUAMENTO ALLE NORME DI SICUREZZA

Specialmente se lungo la strada c'è un ingorgo, hai tutto il tempo di immaginartelo e riflettere. Non c'era scritto *spento per LAVORI DI adeguamento*. C'era scritto precisamente: *spento per adeguamento alle norme di sicurezza*. Cioè, secondo questo cartello, le norme di sicurezza prevedevano che l'impianto di illuminazione venisse tenuto spento. Difatti non c'era traccia di lavori di nessun tipo. Non ce n'erano mai, almeno a vista d'occhio e a memoria d'uomo.

Certi giorni, addirittura, il cartello si trovava in un punto della strada dove l'illuminazione era perfettamente accesa, tanto che chi passava si domandava: Perché spento? Quale illuminazione? Quale adeguamento? Anche tu, che sei un viaggiatore riflessivo, dovresti porti queste domande. E cercando risposte impossibili ti renderai conto che quel cartello era qualcosa di più di quel che sembrava. Quel cartello travalicava l'ambito della semplice segnaletica stradale. Pur essendo mobile, è rimasto sul posto per tanto tempo che ormai, anche se non c'è, il suo fantasma può essere considerato parte del paesaggio. È rimasta la sua ombra morale a perpetuarne il ricordo. Giusto così, perché quel cartello giallo era un perfetto esempio di un carattere tipico della Città. Un carattere che potremmo definire *Tendenza di Adeguamento al Peggio*.

Facciamo un esempio: se in un ufficio c'è qualche nuovo assunto che arriva con l'intenzione di lavorare, il soggetto in questione verrà presto isolato e neutralizzato. Gli si formerà attorno un cordone sanitario di colleghi che, non lavorando, non accettano nemmeno che qualcuno lavori al posto loro. Una variabile lavorativa impazzita potrebbe rovinare la media dell'ufficio: bisogna impedirlo a tutti i costi. Nel giro di pochi mesi lo stakanovista verrà ricondotto al senso comune e messo in condizioni di contribuire pienamente all'abbassamento della media.

Altro esempio: quando un bombardamento distrusse uno dei due fastosi piloni di Porta Felice, gli abitanti della Città in prima istanza non pensarono di ricostruirlo, ma per un istinto di abietta simmetria immaginarono di abbattere anche l'altro, quello rimasto intatto. Poi non se ne fece niente, ma in questi casi basta il pensiero per rendere l'idea.

Allo stesso modo, se un teatro ha un problema all'impianto elettrico si aprirà un dibattito su quale sia il migliore elettricista in grado di risolverlo, e con quale sistema. Nel frattempo, come misura prudenziale, il teatro verrà chiuso. È successo pari pari al Teatro Massimo, il teatro lirico della città, che è rimasto chiuso per quasi un quarto di secolo prima che si trovasse un elettricista in grado di risolvere il problema. Più tutta la caterva di problemi che nel frattempo erano derivati dalla prudenziale chiusura.

E ancora: se un partito o un candidato deciderà di accaparrarsi i voti degli abusivi o degli evasori fiscali, subito tutti gli altri si affretteranno a seguirlo sulla stessa strada. Corteggeranno abusivi ed evasori cercando di trarne vantaggio elettorale. Di modo che si potrà sempre dire che i partiti e i candidati sono tutti uguali, e dunque tanto vale votare per quello che le spara prima e le spara più grosse.

Esempi se ne potrebbero fare tanti, ma insomma in questo consiste la Tendenza di Adeguamento al Peggio: nell'incertezza, meglio scegliere sempre la soluzione peggiore. Nella Città questa tendenza ha raggiunto livelli di applicazione altrove nemmeno ipotizzabili. Qui la legge di Murphy è costituzionalmente garantita. Si terranno vertici e convegni per stabilire quale sia la peggior risposta da dare alle principali domande. Se qualcosa potrà andare male si formerà una delegazione, si organizzerà una task force, verrà allestita una scorta armata; qualsiasi cosa pur di garantire che questo qualcosa abbia un esito davvero negativo.

Esiste in via Rocco Pirri una chiesa che si chiama Santa Maria dei Naufragati. Ebbene, nessuno nella zona la chiama così. Il suo nome è per tutti Santa Maria degli Annegati. Cioè: non viene presa nemmeno in considerazione l'ipotesi che la tribolazione del naufragio possa risolversi in salvezza. Nessuna speranza che il naufrago possa riuscire a sopravvivere raggiungendo la riva sano e salvo. Naufragio equivale ad annegamento. Dunque tanto vale affidare alla Madonna direttamente la salvezza dell'anima sua.

Viaggiatore appena arrivato, queste cose devi saperle; di modo che quando ti racconteranno del tipico pessimismo isolano tu sappia che è un pessimismo autoproducente. Un pessimismo compiaciuto che si nutre di se stesso fino a diventare ricerca sistematica del pessimo. Se pensi che qualcosa debba andare male, ci sono ottime possibilità che vada male davvero. Più ti concentri, più ti sforzi di immaginare come possano peggiorare le cose e più le cose riusciranno a peggiorare sul serio. Ed è giusto che tu lo sappia subito, appena arrivato in città. A questo serve immaginare l'avviso giallo all'imboccatura della circonvallazione: a metterti in guardia. In pratica è l'equivalente di un cartello che invece, stranamente, su quella strada non si trova affatto: Benvenuti nella Città.

DUE:
i luoghi comuni

Il difficile viene ora, però. Tutti i discorsi del capitolo precedente, sommati a tutti quelli che hai ascoltato negli anni, nei mesi, nelle settimane e nei giorni della tua vita, ti hanno messo addosso una certa apprensione. Man mano che si avvicinava il giorno della partenza c'era sempre qualcuno pronto a metterti sull'avviso. La Città è bellissima, vivacissima, affascinantissima, però... Nelle informazioni preliminari c'era sempre un *però*, una formula avversativa che ha trasformato l'attesa del viaggio in una trepidazione ambivalente. Da una parte il desiderio di andare comunque, e dall'altra il timore di un danno possibile, se non addirittura probabile. Si raccontano storie fantastiche, sulla Città. Fantastiche nel doppio senso: meravigliose e allo stesso tempo frutto di fantasia. Tanto che adesso la tua testa di povero viaggiatore appena arrivato in un posto che non conosce è talmente piena di informazioni disparate che non sai più cosa pensare.

Ti posso capire. È per questo che dopo essere arrivato in albergo, dopo avere disfatto la valigia e dopo aver riposto con cura nell'armadio la tua roba, stai ancora tergiversando alla ricerca di qualcosa da fare perché tutto nella camera sia perfettamente in ordine. Ammettiamolo: hai un po' di timore.

Sei chiuso nella tua stanza d'albergo e non ti decidi a venirne fuori. Tutti quei discorsi sulla mafia. Sulla microcriminalità. Sul traffico. Sulla ferocia di cui è capace la Città, quando ci si mette. Tutti veleni che ti sono entrati a poco a poco nel sangue e adesso stanno facendo il loro effetto intossicante. Ti trovi in un posto dove non sei mai stato, un posto che per te dovrebbe essere completamente sconosciuto, e invece ti pare già di saperne fin troppo. E non tutto quello che sai ti piace. Alcune cose sì, altrimenti non saresti venuto. Ma altre non ti piacciono per niente.

Guardi dalla finestra e vedi uno spicchio di strada. C'è un ingorgo, e questo corrisponde all'idea che ti sei fatto della Città. Ma una minuscola porzione di un insieme tanto complesso non può bastarti a trovare la conferma di tutte le idee che hai ricevuto e stipato nella tua testa. Idee molto diverse tra loro, che contribuiscono a restituire un'immagine controversa della Città e dei suoi abitanti. Puoi anche dirlo: l'idea di massima è che si tratti di una città pericolosa. Ma non è solo per questo che esiti a uscire dalla tua camera. La verità è che tante e talmente sedimentate sono le idee che ti sei fatto, che adesso hai paura di andarle a verificare coi tuoi occhi. Per l'esattezza hai due paure simmetriche e opposte: che le tue idee si rivelino sbagliate e che le tue idee si rivelino esatte. Più ci pensi e più non sai quale delle due ipotesi possa rivelarsi peggiore. Vorrei provare a rassicurarti: non è raro che la Città faccia quest'effetto di attrazione e repulsione al tempo stesso. Anche questo è un luogo comune. Vorrei spiegarti come possa succedere che dei semplici luoghi comuni provochino tutto questo turbamento, ma le spiegazioni che mi vengono in mente sono, purtroppo, altrettanti luoghi comuni.

Di solito si sa in partenza, per esempio, che gli abitanti si dividono – sono innamorati dell'idea di dividersi – in categorie. Una famosa doppia categoria è: quelli che partono e quelli che rimangono. La questione è stata molto teorizzata. C'è tutta una letteratura sugli isolani di scoglio e sugli isolani di mare aperto. Chi parte considera chi resta un provinciale destinato al peggior fallimento esistenziale, e chi resta parla di chi è partito come di un disertore che ha abbandonato la prima linea per rifugiarsi nelle retrovie.

Ciascuna fazione, naturalmente, ha i suoi dubbi segreti. Chi rimane si sveglia ogni giorno chiedendosi se ha fatto bene a rimanere. Apre la finestra, guarda il sole, fa colazione con un'iris alla ricotta e decide che sì, ha fatto bene. Nello stesso momento chi è partito si sveglia, apre la finestra, vede cielo grigio, fa colazione con una pastarella secca surgelata e teme di aver sbagliato tutto. Vanno poi parallelamente per la loro opposta strada quotidiana e poco alla volta incrociano i loro pensieri. Alla fine della giornata, chi è rimasto deve ammettere di avere sbagliato tutto, e chi è partito può consolarsi del suo standard di vita tutto sommato appagante, almeno da un punto di vista lavorativo.

Per questo motivo fra coloro che sono rimasti è possibile individuare due ulteriori sottocategorie: quelli che pensano di partire e quelli che pensano di rimanere. Chi resta molto spesso passa la vita a progettare la partenza. Tiene contatti, si sforza di comunicare col resto del mondo. Non smette mai di scavare il tunnel che un domani potrebbe consentirgli di lasciare la Città. Viceversa, ci sono quelli che qui stanno benissimo, che sono perfettamente appagati di ciò che la Città offre loro. Arrivano persino ad attribuire una valenza positiva ai suoi difetti. Non c'è lavoro? Tanto meglio: rimarrà più tempo per godersi in santa pace il sole di Mondello.

Allo stesso modo, anche fra chi è partito è possibile individuare due sottocategorie: quelli che pensano di tornare e quelli che pensano di non tornare. Tu stesso, viaggiatore, conoscerai parecchi originari della Città che vivono altrove da molti anni e che ancora, malgrado il tempo trascorso, sono alla perpetua ricerca di una pasticceria dove facciano i cannoli come quelli della loro infanzia. Sono quelli che quando hanno saputo che saresti andato nella Città si sono fatti promettere di portare al ritorno almeno un mazzo di finocchietto selvatico, l'ingrediente sciamanico che consentirà loro di ritentare la preparazione della pasta con le sarde fuori dall'Isola; un esperimento paragonabile alla riproduzione dei panda in cattività. Alla fine di tutti i suoi sforzi il cuoco nostalgico concluderà che la pasta con le sarde che preparava sua madre era molto più buona; una pasta buona come quella non l'assaggerà mai più finché campa.

All'opposto di questa nostalgia c'è la protervia di chi, una volta partito dall'Isola, taglia ostentatamente ogni ponte col passato. Sono i convertiti, i preti spretati. E come ogni prete spretato, chi è partito senza rimpianti sente il bisogno di dimostrare al mondo di aver seppellito ogni forma di dubbio. Non contento di aver convinto se stesso, si sforza di fare proseliti, adopera ogni zelo per riuscire a convincere anche gli altri dell'orrore rappresentato da una vita trascorsa interamente a crogiolarsi nei difetti della Città.

Esiste una falsa prospettiva che riguarda gli abitanti dell'Isola che sono andati a cercare fortuna altrove. Si pensa sempre: ma quanto sono in gamba, questi Isolani; in qualsiasi campo si cimentino riescono ad avere sempre successo. Nel cinema, nell'arte, nella moda, nella letteratura. L'errore di prospettiva consiste nel pensare che questi geni emigranti siano una quota rappresentativa di tutti gli abitanti dell'Isola. Ma non è così, e per rendersene conto basta osservare la dinamica storica ricorrente che prevede periodiche migrazioni della migliore gioventù dell'Isola. Dalla sconfitta di Ducezio, alla cacciata degli ebrei, al fallimento delle lotte contadine, fino al recente brusco risveglio dal sogno dell'industrializzazione: a ogni momento di crisi il sistema prevede che si riesca a trovare una ricollocazione sociale e lavorativa solo per chi è disposto a sottomettersi. Per gli altri, per quelli più restii a piegare la testa, di lavoro non se ne trova più. Per le teste calde l'unica risorsa possibile è l'emigrazione. Perciò gli isolani della diaspora appaiono così brillanti. Perché c'è stata una selezione a monte. Storicamente, a essere costretti a fuggire sono stati sempre i migliori. Non deve sorprendere, appurato questo, che la Città non riesca mai a schiodarsi dal sottosviluppo.

Tu sei un viaggiatore abbastanza intelligente per sospettare che entrambe le grandi categorie, assieme a tutte le sottocategorie che ne discendono, non esauriscano la dinamica dei loro rapporti nel risentimento o addirittura nell'odio reciproco. Tutte le categorie e sottocategorie vengono accomunate dall'invidia per la reciproca condizione. Assolutamente tutti sono convinti che questa Città sia più complicata delle altre. Ma anche su questo ci sarebbe da ridire. Di sicuro c'è che il mestiere di vivere qui è diverso dal mestiere di vivere in qualsiasi altra città del mondo, perché il senso di appartenenza degli abitanti della Città è molto forte.

Gianni Riotta una volta ebbe modo di spiegare che quando un abitante della Città si trova in viaggio in un qualsiasi angolo del pianeta e si sente chiedere quale sia il suo luogo di origine, sa già che, rispondendo come risponderà, inevitabilmente il suo interlocutore assocerà il nome della Città con la parola *mafia*, o con qualcosa di equivalente. Al massimo può sperare in un interlocutore discreto che non dirà niente. Ma di sicuro lo sta pensando: Città uguale mafia.

Un abitante della Città di queste cose ci soffre. Specialmente all'inizio. Poi, dài e dài, sopravviene l'assuefazione e questo tormentone, *Città uguale mafia*, diventa una cosa diversa, difficile da spiegarsi, che somiglia a una specie di vergognoso orgoglio. A quanto pare, questo sentimento di vergognoso orgoglio è l'unica forma di appartenenza cui gli abitanti della Città possono aspirare. Si tratta, comunque, di un senso di appartenenza molto forte. Alla fine, a forza di sentirselo ripetere, si è portati a pensare di possedere un'identità. Ci si convince di essere qualcuno. Un mafioso. O un antimafioso.

Se al di là delle molte e comode sfumature di connivenza, dall'alternativa mafia-antimafia non si scappa, è perché la Città è un epicentro fortemente morale. Qui nessun mestiere si può fare senza porsi prima una serie di problemi etici. Tutti sanno, se hanno voglia di saperlo, quello che li aspetta scegliendo un lavoro invece di un altro, per il semplice fatto di esercitarlo nella Città. È diverso essere magistrati e poliziotti, ovviamente, ma anche avvocati, preti, testimoni di giustizia, commercianti, imprenditori, insegnanti, intellettuali o parcheggiatori abusivi. Se Libero Grassi fosse nato a Cuneo, nessuno ne avrebbe sentito parlare e sarebbe vissuto ancora a lungo. E invece non era solo imprenditore: era anche un abitante della Città, e questa è un'aggravante. Così come, viceversa, essere imprenditore è un'aggravante dell'essere un abitante della Città.

Solo un mestiere si può svolgere nella Città con piena soddisfazione, e in un certo senso anche fregandosene degli scrupoli morali: lo scrittore, o il giornalista. Scrittori e giornalisti sono parassiti che sopravvivono nutrendosi delle disgrazie proprie e altrui. E dunque, per la categoria, l'intera Isola rappresenta una fonte inesauribile di storie e ispirazione. Non esiste al mondo una terra che offra in tempi così ravvicinati un campionario più vasto di terremoti, eruzioni vulcaniche, mafia, disoccupazione, sbarchi di clandestini, siccità e inondazioni (per quanto possa sembrare strano l'una cosa non esclude le altre, sull'Isola). Del campionario classico delle sventure letterarie manca solo una pestilenza, ma non è detto che in un prossimo futuro non si riesca a organizzare anche qualcosa del genere.

Per questo il vincolo di appartenenza è tanto più forte negli scrittori. Chi è nato sull'Isola difficilmente riuscirà a scrivere d'altro. Potrà tirare il cordone ombelicale fin quanto vuole, sperando che si spezzi. Ma non si spezza mai. Spesso anche gli scrittori della diaspora trovano una loro dimensione nazionale e internazionale nella misura in cui continuano a parlare della loro terra d'origine. E questo succede quasi esclusivamente con gli scrittori dell'Isola. Quello che altrove è provincialismo, qui si trasforma in metafora del mondo. A nessuno verrebbe in mente di chiamare Calvino *scrittore ligure*. Invece Sciascia rimase sempre, anche al culmine della celebrità, *scrittore isolano*.

La forza di uno scrittore come Sciascia fu di riuscire a mantenere salde le radici. Continuò a muoversi liberamente nello scibile umano, limitandosi ad adoperare la realtà isolana come specchio del mondo. Con tutto ciò che in termini di umiltà e pazienza questo comporta. Aveva trovato una buona soluzione personale al dilemma fra partire o restare: trascorreva quattro mesi a Parigi per respirare, quattro nella Città per pensare e quattro a Racalmuto, lontano dalle distrazioni, per scrivere. Staccare le proprie radici, staccare addirittura l'ombra da terra prendendo l'aereo per stabilirsi definitivamente a Parigi, a Roma o a Milano, avrebbe significato per lui perdere buona parte della potenza del proprio immaginario.

Fatti salvi scrittori e giornalisti, tutti gli altri possono trovare motivazioni sufficienti per vivere nella Città solo su un piano emozionale. La sua inevitabile moralità la rende avvincente al punto che spesso, agli occhi di uno che ci è nato, ogni altro posto tende ad apparire noioso nel giro di pochissimo tempo. È come avere imparato a correre in altura, o mentre ti sparano dietro. Anche senza possedere una tecnica elegante si corre più veloce, perché ipossigenazione, paura, adrenalina, lotta per la sopravvivenza sono un formidabile carburante. Al contrario, in un posto dove la lotta per la sopravvivenza risulti meno aspra c'è il rischio di perdere motivazioni e, dopo un poco, smettere di correre. È il benedetto rischio che tocca gli abitanti della Città che vivono la diaspora. *Benedetto* perché anche chi resta, in cuor suo, rinuncerebbe a una buona dose di fascino pittoresco in cambio di una migliore qualità della vita. I ruderi sono molto fotogenici, ma viverci in mezzo è una cosa diversa che venirli a visitare di tanto in tanto.

Tu, viaggiatore perplesso affacciato alla finestra di un albergo più o meno confortevole, queste cose non riesci nemmeno a concepirle. I pochi contatti che hai avuto con la popolazione sono stati di ordinaria amministrazione. Se il primo impatto non ti ha riservato traumi, né i miei discorsi sono serviti a scoraggiarti, potresti avere ancora nel cuore la prima impressione che la Città ti ha ispirato dal finestrino dell'aereo: un posto dove i vantaggi del vivere sono addirittura abbaglianti, nella loro evidenza. E pure nel cuore conservi le parole di chi ti ha messo in guardia: sul breve periodo la Città è capace di essere estremamente seduttiva. Per una, due settimane, per un mese o due è in grado di mettere in scena una fascinazione cui è difficile sottrarsi. Quanto pensi che debba durare il tuo viaggio?

Forse una buona parte del fascino dipende dal fatto che la Città è una di quelle che si muovono. Ci sono città che si muovono e città che stanno ferme. Esistono città nelle quali si arriva sapendo già tutto. Ci vai da turista per avere la conferma delle cose che hai già letto o sentito dire. Vai, controlli, torni, e confermi ad amici e conoscenti: sì, Venezia è una città unica al mondo. Sì, Roma è la città eterna. Sì, Parigi è sempre Parigi. Più o meno consapevolmente si va in questi posti per confermare la propria identità di cittadini del mondo, e tornando a casa si è fatta una scorta di luoghi comuni sufficiente a tirare a campare almeno fino al prossimo viaggio.

Al ritorno, di fronte agli amici, si possono vantaggiosamente pronunciare anche solo semplici sospiri: ah, Parigi! Ah, Roma! Ah, Venezia! Già il sospiro potrebbe bastare a rendere l'idea di un innamoramento incondizionato, e tuttavia il luogo comune è sempre ben accetto. Per la Città non è stato ancora formulato uno slogan che valga *erga omnes* e possa fungere da perfetto luogo comune cittadino. Qualcosa di paragonabile a *Parigi è sempre Parigi*, che tuttavia non può essere *la Città è sempre la Città*, se non altro perché non è vero: la Città non è mai uguale a se stessa. La Città cambia in continuazione. Magari a strappi, e non sempre in meglio. Ma cambia sempre. Ci vai oggi, ci sei andato cinque anni fa, ci torni fra due anni, e sarà sempre diversa. Ci sono città che non riescono a stare ferme manco un minuto. Trasformano la propria struttura urbanistica e trasformano persino il proprio carattere riuscendo sempre a mantenere ferma l'identità. Non per tutte le città è così. Alcune città, per riuscire a mantenere la propria carica identitaria hanno bisogno di restare assolutamente immobili. Barcellona si muove. Venezia è ferma. L'Avana si muove. Vienna è ferma. Berlino si muove. La Città pure. La Città si muove moltissimo. Si muove talmente che farai bene a preoccuparti per le fotografie che scatterai quando finalmente uscirai dall'albergo: c'è il rischio che vengano tutte mosse.

L'idea che ti sei fatto, una delle idee che hai ricevuto, è che abitare nella Città sia una specializzazione del sadomasochismo. Ma questo non deve scandalizzarti. Ci sono quelli che si fanno legare e frustare dal partner? E allora perché dovrebbe essere un problema se qualcuno si ostina a vivere nella Città? C'è a chi piace e c'è chi non può farne a meno.

In ogni caso, l'eterno dilemma fra partire e restare è un dilemma irrisolto, riconducibile a quello che discende da Schopenhauer e passa da Leopardi per arrivare a Woody Allen: l'alternativa fra Orribile e Miserrimo. Orribile è quando sei storpio o cieco. Miserrimo sono tutti gli altri casi. Bisogna essere contenti di essere solo miserrimi.

Ecco. Adesso si tratta di stabilire fra chi parte e chi resta quale categoria sia davvero orribile. E quale invece debba ritenersi fortunata a essere solo miserrima.

TRE:
mal di Città

Molte volte riuscire a orientarsi aiuta a sciogliere il blocco di fronte a un luogo sconosciuto. Arrivando per la prima volta in una città, un conforto è riuscire a individuare il corso principale. Quello dove è possibile mescolarsi con la vita dei residenti e illudersi di non sembrare un corpo estraneo. Ma anche qui la Città è meno semplice di quanto si potrebbe sperare. Nel senso che non c'è un solo corso principale. Ce ne sono molti, alcuni consecutivi, altri decentrati, altri specializzati in un certo tipo di *passìo*, in certe ore del giorno e per certe categorie di persone.

Bisogna vedere. C'è corso Vittorio Emanuele, lo storico *Càssaro*. Ma i marciapiedi sono talmente stretti e usurpati dalle automobili posteggiate che da tempo non è più luogo di passeggio. Anticamente era piazza Bologni a fare da salotto cittadino, ma anche qui l'invadenza del parcheggio ha reso impossibile la sopravvivenza pedonale. Quella che a Barcellona sarebbe una magnifica *rambla* è via Libertà, il viale che alla fine dell'ottocento diede la direzione dello sviluppo edilizio residenziale. Tuttavia la corsia centrale, quella che in una vera *rambla* sarebbe riservata ai pedoni, è difficile persino da attraversare. Inoltre, soprattutto in via Libertà è evidente la mutazione genetica che in pochi anni ha stravolto il tessuto del commercio cittadino. Nel primo tratto del viale si trova un solo caffè. Gli altri sono stati spazzati via e rimpiazzati da negozi di lusso, di quelli che intimidiscono la clientela a cominciare dal diradamento delle merci in vendita. Ogni negozio, un articolo. Un singolo abituccio. Una camicetta. Un paio di scarpe. Una cravatta. E i prezzi sono inversamente consequenziali alla rarefazione. Minor quantità di prodotti, prezzi più alti. A poco a poco questo genere di negozi ha preso il posto dei locali storici dove era possibile sostare per un caffè e concedersi il voyeuristico piacere di osservare la passeggiata altrui. Diamo dunque pure via Libertà come perduta, ormai, alla vocazione dell'autentico *passìo*.

Rimangono piazza Politeama, via Ruggero Settimo e via Belmonte, di cui si parlerà più avanti. Ma nella Città il corso storico principale si chiama via Maqueda. Anche qui i marciapiedi striminziti impediscono la passeggiata di piacere, ma la strada merita di essere raccontata per diversi motivi. Via Maqueda si chiama così in nome di Don Bernardino de Cardines duca di Maqueda, viceré dell'Isola alla fine del cinquecento. Le persone che hanno studiato dicono *Macheda*, ma ci si può accontentare di un compromesso ortofonico meno spagnoleggiante. Via Maqueda comincia al Teatro Massimo e finisce alla Stazione Centrale formando uno dei due assi portanti della città. L'altro è corso Vittorio Emanuele. Le due strade formano una croce che spacca in quattro parti il centro storico. Dall'incrocio si irradiano i quattro mandamenti in cui è suddivisa la Città vecchia.

Lungo via Maqueda, sulla destra ci sono negozi di abbigliamento e sulla sinistra, invece, negozi d'abbigliamento. Come si è visto a proposito di via Libertà, questa forse è la città del mondo con il maggior numero di negozi d'abbigliamento. Non si capisce come mai, visto che questi negozi non sono particolarmente economici né si distinguono per originalità. Vendono tutti gli stessi identici vestiti. Specialmente le boutique di via Maqueda, che sono meno care, possono essere ricondotte più o meno tutte al concetto tipicamente locale di *grazioso*. Dicendo *grazioso* si intendono molte cose: esiste un grazioso classico e un grazioso giovanile, un grazioso ricco e un grazioso povero. Se non si sa come aggettivare un oggetto o un'idea basta dire: grazioso, o graziosa, e tutti capiscono. Ecco come sono pure i negozi di via Maqueda: graziosi. Graziosi e mediamente vuoti, perché nessuno ci va a comprare mai. Uno dei grandi misteri cittadini è come campino i negozianti. In continuazione si lamentano e periodicamente chiudono la loro graziosa bottega, poi aprono un altro negozio grazioso con un nome grazioso, stanno lì sei mesi, riprendono a lamentarsi, chiudono e ricominciano daccapo. Questa è la verità e forse anche la soluzione del mistero: i negozi della Città (si) riciclano in continuazione.

In via Maqueda c'è un traffico che praticamente non finisce mai dalla mattina alla sera. Da esso scaturisce la puzza che si sente nell'aria. Una puzza tanto persistente che chi abita in zona si è assuefatto e non l'avverte più. Se qualcuno ogni tanto scopre che, dati alla mano, nella Città c'è l'inquinamento, gli abitanti rispondono: ma quando mai? Perché sono convinti di vivere nella città più graziosa del mondo, la cui aria non può quindi che risultare graziosa anch'essa.

Tutta questa graziosità dell'aria è un'allucinazione olfattiva di massa, e la prova sta nel fatto che la puzza di via Maqueda col tempo si condensa e va a depositarsi sulle facciate dei palazzi, che paiono costruiti adoperando roccia vulcanica. Quando capita di restaurare una facciata si scopre che invece è fatta di pietra d'Aspra, e viene fuori un colore ocra che non c'entra per niente con il nerume circostante, al punto da sembrare persino stonato. Ma dura poco: nel giro di qualche mese ci pensa l'aria a materializzarsi nuovamente in fuliggine e a omologare il restauro al contesto generale. Altro esempio di Tendenza di Adeguamento al Peggio.

Ogni tanto qualcuno – il Comune o qualche comitato cittadino – propone di chiudere via Maqueda al traffico e farne un'isola pedonale. È questo genere di proposte che fanno insorgere i negozianti di via Maqueda – specialmente quelli piccoli, specialmente quelli che oggi ci sono e domani saranno spariti – i quali, prima ancora dell'entrata in vigore del divieto di transito sono in grado di esibire statistiche dalle quali risulta un calo del trenta per cento nel volume degli affari. Affari che già erano a zero, a sentir sempre i negozianti. Intanto che viene calcolato quant'è il meno trenta per cento di zero, dell'isola pedonale si discute sui giornali mediamente per due mesi, di solito in coincidenza con l'approssimarsi di Natale. I negozianti minacciano di licenziare i commessi. I commessi sfilano per protesta contro la minaccia di licenziamento. Da un momento all'altro sembra che debba scoppiare un moto di rivolta popolare. Poi arriva Natale e non se ne fa più niente, visto che tutti sono d'accordo che via Maqueda, tutto sommato, è più graziosa così com'è.

Una delle poche isole pedonali che si è riusciti a realizzare si trova in via Belmonte. In quell'occasione il copione si ripeté identico a sempre, coi negozianti che già si vedevano sul lastrico, e i residenti che invece erano favorevoli perché immaginavano di poter vivere nel salotto della città. Sostenevano i commercianti, avendo in questo perfettamente ragione, che gli abitanti della Città preferiscono lasciare l'automobile proprio davanti al negozio, non importa se in seconda o in terza fila: basta che possano tenerla d'occhio. Anche in quel caso ci furono serrate e minacce di licenziamento dei commessi. Ma si vede che quella volta non c'era una tornata elettorale in vista e il Comune decise di tenere duro; l'isola pedonale si fece ed è ancora lì. A consuntivo si può dire che avessero torto tutti: i commercianti, perché hanno visto i loro affari moltiplicarsi per mille, e adesso sono ricchi sfondati. E anche i residenti, perché il *passìo* di via Belmonte specialmente al sabato e alla domenica pomeriggio si trasforma in un ingorgo pedonale ad altissima concentrazione. Sconsigliabile a misantropi e solitari fino alle prime ore del mattino.

La fenomenologia del traffico nella Città meriterebbe una trattazione a parte. Come viaggiatore informato dei fatti ne avrai sentito parlare e non sarebbe onesto né utile tenerti nascosta la verità. Un solo avvertimento: se mai deciderai di uscire dall'albergo non lo fare, per favore, nelle ore di punta, quando il traffico raggiunge l'apice dell'esasperazione. Soprattutto mai di sabato e mai di domenica. Se ancora è accettabile l'imbottigliamento feriale, quello festivo è irritante per motivi proprio filosofici. Ci si immagina che dal lunedì al venerdì tutti questi automobilisti vadano da qualche parte per ragioni di lavoro e che dunque siano obbligati a farlo. Ma nei fine settimana dove vanno? E ovunque vadano, perché ci vanno in macchina? E soprattutto: perché con le loro macchine impediscono alla mia di avanzare speditamente?

L'imbottigliamento festivo e prefestivo di via Ruggiero Settimo costituisce l'evoluzione dello struscio che ancora oggi si pratica nei paesi, la passeggiata lungo il corso principale. Solo che la Città non è un paese. Guai a pensarlo, gli abitanti si offenderebbero. Semmai è una via di compromesso fra un paese di provincia e una metropoli. Si trova proprio in mezzo al guado. Troppo provincia per rinunciare allo struscio e troppo metropoli per rassegnarsi a farlo all'antica, adoperando i piedi. Dunque lo struscio si fa, ma in automobile. Tutti chiusi in macchina, a passo d'uomo.

Se è del traffico che hai paura, posso capire la tua riluttanza. Magari una buona soluzione sarebbe stata scegliere un albergo fuori città. Sono in molti, specialmente negli ultimi anni, ad aver preferito andare a vivere fuori dalla cerchia urbana, nell'illusione di poter vivere la Città tenendosene alla larga, osservandola da lontano senza esserne troppo coinvolti. Solo che anche un albergo fuori città non costituisce una garanzia. Prima o poi con la Città i conti dovrai farli. Tutti sono tenuti a farli, sebbene in una prospettiva diversa. Visto da lontano il centro storico sembra in preda a una specie di microderiva dei continenti, come se si muovesse su una faglia terrestre autonoma rispetto alla periferia, e questa deriva contribuisse ad allontanarlo.

Gli abitanti della periferia leggono con apprensione le notizie provenienti dal centro, specialmente le novità che si susseguono incessanti nel piano del traffico. Ne seguono gli sviluppi sullo stradario come quando durante una guerra si consulta l'atlante per scoprire quanto vicini, assurdi, assurdamente vicini siano i bombardamenti.

In realtà, poi ci si abitua, ci si abitua a tutto; anche al rumore. Una cosa che devi sapere per non rimanere impressionato quando uscirai è che per gli automobilisti della Città il claxon è un mezzo di comunicazione di massa, uno strumento gemellato al telefonino, con cui comunicare al prossimo anche i più nascosti moti dell'anima. Stando in città si crea una forma di assuefazione, ma per chi non c'è abituato ogni colpo di claxon è, codice della strada alla mano, un avviso di pericolo imminente. Scoprire che si tratta invece di una semplice esclamazione di contrarietà, stupore o allegria da parte di un automobilista estroverso, non produce una diminuzione dello stress.

Questo deragliamento dei sensi – olfatto e udito, soprattutto – fa sì che mai in nessun luogo come nella Città l'espressione *scendere in centro* abbia una connotazione tanto minacciosa. Discesa in centro come metafora della dantesca discesa agli inferi, come prova di iniziazione da affrontare con cuore saldo. Il viaggio al centro della Città possiede il vertiginoso fascino dell'ignoto. Lo si affronta confidando nel proprio spirito d'avventura, perché si tratta di un viaggio denso di imprevisti. Ogni volta bisogna domandarsi: mi conviene o no prendere la vespa? Da quali strade transiterà oggi il mio autobus? I commercianti avranno fatto un blocco stradale per chiedere che vengano risolti i problemi del traffico? E i lavoratori socialmente utili dove colpiranno stavolta con il loro corteo? Tenersi informati, leggere i quotidiani, preparare strategie di spostamento non basta. Bisogna andare e verificare di persona. C'è stato un periodo in cui transitare in via Maqueda era una questione di fortuna. Poteva essere chiusa, aperta o facoltativa. Dipendeva tutto dal vigile urbano messo quel giorno a sorvegliare l'imbocco, se era più o meno fiscale o comprensivo. L'automobilista doveva arrivare fin lì e valutare nel giro di pochi secondi, scrutando l'atteggiamento e l'espressione del volto del vigile. Se era voltato a chiacchierare con un collega, per esempio, significava via libera. Se invece restava intento a osservare il traffico, era senz'altro meglio rispettare l'obbligo di svolta. In generale le proibizioni sono molte, ma non tutte inevitabili. Ciò che viene negato come diritto, può benissimo essere restituito come gentile concessione. Questo genera a lungo andare una specie di latente senso di colpa. E facendo leva su questo kafkiano sentimento il cittadino sarà mantenuto in uno stato di perpetua sudditanza.

L'automobilista che affronta la discesa in centro con le sue sole forze conosce lo sbigottimento di scoprire ogni volta una nuova serie di obblighi e divieti. Se gli piace viaggiare, in un certo senso la cosa possiede i suoi aspetti positivi, perché avrà sempre la sensazione di muoversi in una città diversa. Conoscerà prospettive nuove, i sensi obbligati lo costringeranno a visitare quartieri mai visti prima, farà conoscenza con altri automobilisti e avrà tempo – dal finestrino, durante l'incolonnamento – di fare quel genere di conversazioni che i ritmi della vita moderna sembravano aver spazzato via e che invece, sorprendentemente, il traffico serve a recuperare.

Nella Città succede di arrivare a un semaforo e non poter proseguire né a destra né a sinistra (divieto di svolta) né diritto (divieto alle auto non catalizzate); non resta che passarsi una mano sulla coscienza e dimettersi dalla guida abbandonando il veicolo al centro dell'incrocio. Nella Città succede di trovarsi bloccati per ingorgo in una via Maqueda formalmente chiusa al traffico. Nella Città succede di osservare un obbligo di svolta a destra e ritrovarsi in un vicolo, di fronte a un mercato popolare, senza vie di possibile fuga; a rigor di regolamento stradale, in un caso del genere non resta che spegnere il motore e attendere il calare della sera, quando le bancarelle vengono smontate e la strada torna ad essere transitabile.

Certo, sono piccole sviste del piano traffico prontamente rettificate nel giro di qualche giorno, e questo è confortante. È la prova che esiste un esperto o consulente al traffico che vede e provvede. O forse si tratta di uno staff di cervelli perennemente a consulto per conseguire il bene supremo dell'automobilista. È la consapevolezza dell'esistenza di un piano superiore, imperscrutabile, a rendere accettabile il fatto che ogni volta, invariabilmente, il rimedio risulti peggiore del male, la toppa peggiore del buco.

Gli automobilisti vengono privati persino della certezza di un traffico pazzesco ma almeno stabile e affidabile nella sua follia, col quale fare i conti quotidianamente, di cui si conoscono i piccoli rimedi di compromesso. Oggi si può imboccare con ragionevole certezza d'impunità quel breve senso unico contrario che unisce via Pandolfini a viale Lazio passando attraverso un distributore di benzina, ma domani sarà ancora possibile? E tutte quelle *zone a traffico limitato*, in assenza di altre specificazioni a chi è che saranno limitate? Visto che tutti le attraversano, potrò attraversarle impunemente anch'io?

È significativo osservare come una rabbia breve e intensa confini direttamente con la rassegnazione. Scatta il verde e tutto è perdonato. La labile furia dell'automobilista è il sintomo più sorprendente. Nello sguardo degli incolonnati c'è un fuoco di paglia, ma in definitiva ogni piano traffico, anche il più strampalato, passa nell'indifferenza generale. Ogni regolamento punitivo viene metabolizzato come ineluttabile. La rassegnazione dell'automobilista è fondata sulla nostalgia narcotica che nutriamo per il tempo e anche il traffico trascorso: c'erano una volta le piste ciclabili in via Libertà. Furono smantellate perché impedivano il parcheggio delle automobili sul marciapiede. Ma è inutile rimpiangere il passato, anche perché, scremando la memoria dalle edulcorazioni del tempo trascorso, era traffico tremendo anche quello, e le piste ciclabili di via Libertà facevano effettivamente ridere, visto che si interrompevano ogni volta che un'edicola si frapponeva sul percorso. Ma almeno erano i rimedi al traffico della nostra gioventù. Ed eravamo tutti molto felici, durante la nostra gioventù.

Bisogna pur dire che, a parte questo genere di languori nostalgici, la memoria degli abitanti della Città funziona a intermittenza. Succedono spesso dei cortocircuiti fra memoria a breve e a lungo termine. Certe volte si dimenticano fatti appena accaduti e che pure hanno suscitato un'estrema indignazione. Probabilmente gli abitanti della Città devono avere da qualche parte, nel cervello, un tasto *reset*. Come i computer. Un tasto che inavvertitamente premono prima di ogni turno elettorale e che cancella completamente la memoria del disco fisso. Solo così si può spiegare il fatto che nella loro mente ogni volta non rimane traccia delle promesse fatte e delle delusioni subite; solo così si può spiegare lo spensierato autolesionismo che da sempre li caratterizza al momento di andare alle urne.

Per completezza il tasto *reset* va pressato una seconda volta dopo essere usciti dal seggio elettorale. Perciò gli abitanti della Città quasi mai ricordano per chi hanno votato l'ultima volta. E dunque si sentono pienamente autorizzati a mugugnare ogni volta che in un quartiere salta il turno di distribuzione dell'acqua. Ecco perché a proposito della mancanza di lavoro fioccano le indignazioni al bar, nei negozi, nelle portinerie; e sono indignazioni sanguinarie, che paiono dover sfociare da un giorno all'altro in una nuova rivolta dei Vespri.

Non bisogna dimenticare che però la rivolta dei Vespri venne scatenata non da una delle innumerevoli vessazioni subite dagli abitanti della Città attraverso i secoli, ma da una singola insolenza rivolta all'onore di una donna. I francesi opprimevano, tartassavano, angariavano così come prima e dopo di loro avevano fatto punici, greci, romani, bizantini, arabi, normanni, svevi, aragonesi, borbonici, savoiardi e chissà quanti altri. Ma l'evento che fece saltare il tappo della rassegnazione con tanta virulenza fu una parola di troppo rivolta a una signora. Questo dovrebbe indurre a riflettere sulla scala di valori che presiede alla collera degli abitanti della Città.

Quando manca l'acqua, quando non viene rinnovato il contratto a una delle molte sigle di lavoratori precari scattano subito i blocchi stradali, con un sovraccarico di furia collettiva da far spavento: cassonetti dati alle fiamme, macchine rovesciate, autobus bloccati con le gomme bucate, invettive contro la classe governante tali da lasciar pensare che la coscienza collettiva si sia svegliata, e mai più, mai più gli abitanti della Città accetteranno supinamente il sistematico tradimento delle promesse. Tu, viaggiatore ingenuo, immaginerai che alle prossime elezioni quegli scalmanati daranno una lezione ai politici che li hanno così malamente ingannati. Si ricorderanno, finalmente, che chi è stato chiamato a gestire l'emergenza idrica e occupazionale è la stessa persona che quelle emergenze ha contribuito a creare. Dice il proverbio: nessuno è talmente ignorante da non sapere se una scarpa gli sta stretta o meno. Ma la tua coscienza politica è falsata: non sarà così, perché gli abitanti della Città non riescono a collegare le elezioni a quello che viene prima e dopo. Perché sempre, disgraziatamente, qualcuno tocca il tasto *reset*, la memoria si perde, e le elezioni vanno come sono sempre andate.

QUATTRO:
la morte non è poi così brutta come la si dipinge

Rileggendo quanto scritto finora mi rendo conto che cercando di convincerti a superare le tue paure non ho fatto altro che attizzarle. E temo che anche questo capitolo non ti aiuterà a trovare la voglia di uscire dalla tua camera. Anzi preparati, perché adesso proverò a spiegarti il rapporto che gli abitanti della Città intrattengono con la morte. Sei autorizzato a fare tutti gli scongiuri che vuoi, ma è doveroso che tu sappia anche questo.

Se hai un amico in Città, avrai già preso un appuntamento per fare assieme a lui un giro orientativo. Magari lui sta aspettando una tua telefonata per passarti a prendere. E tu nel frattempo te ne sei pentito. Bisogna che telefoni per annullare l'appuntamento o almeno rinviarlo. Sarà difficile però spiegargli perché non ti senti pronto. Lui vorrebbe solo essere gentile e ospitale, portandoti a vedere i posti principali – piazza Pretoria, la cattedrale, Palazzo dei Normanni –, ma inserendo nel giro, accanto alle bellezze monumentali, anche gli angoli di strada dove sono stati commessi i più celebri delitti di mafia. Qui è stato ammazzato il generale Dalla Chiesa, qui spararono a Pio La Torre, eccetera.

Un vero e proprio tour dei morti ammazzati fu fintamente organizzato molti anni fa da un operatore turistico, che così riuscì a ottenere sotto forma di polemiche scandalizzate tutta la pubblicità che andava cercando. Il tour organizzato non si fece mai, ma nient'altro che questo è la passeggiata in automobile che gli abitanti della Città riservano al viaggiatore di primo pelo, un giro esemplare dell'approccio disinvolto che essi mantengono nei confronti della morte. Esemplare è il finto dolore-vero cinismo con cui al viaggiatore vengono mostrati gli scenari dei delitti di mafia:

– Qui hanno sparato a Gaetano Costa, mischino.

Dove l'espressione *mischino* sta a rappresentare la pena che il delitto suscita ancora a distanza di tanti anni. In realtà il cicerone indica il tratto di marciapiede di via Cavour cercando al contempo di scrutare la reazione dell'ospite: se c'è, e di che tipo. Cercando di capire fino a che punto ci si può spingere in questa rievocazione funeraria e se il viaggiatore è in grado di seguire il ragionamento. Se intrattiene con la morte un rapporto sufficientemente ironico ed elastico, e dunque possa essere accettato nella comunità cittadina.

Un altro esempio di questo rapporto con la morte, e di come va cambiando attraverso il tempo, riguarda i bambini. I morti vengono a trovare i bambini della Città a scadenza fissa. Per i bambini è una notte spaventosa, sempre la stessa, ogni anno. La notte fra l'uno e il due di novembre. Non è nemmeno una cosa improvvisa: si sa, se ne parla per giorni e la preoccupazione va man mano crescendo. La preoccupazione e anche l'attesa, perché i morti portano regali. È così che gli abitanti della Città celebrano il giorno dei defunti: vengono i vecchi morti a portare regali ai bambini vivi. A queste latitudini la Befana non è mai stata popolare, e lo stesso Babbo Natale stenta a vincere la concorrenza di una moltitudine di trapassati che tornano a farsi ricordare ciascuno nello specifico della propria ex famiglia.

I genitori fanno da intermediari, perché a portare i regali vengono sì i morti, ma prima con papà e mamma bisogna contrattare alcuni sconti sulle monellerie. Raggiunto un accordo, resta ancora da superare l'estrema prova di coraggio. La sera del primo novembre i bambini vanno a letto col patema e non riescono a dormire; e più non riescono a dormire, più aumenta il patema. È una lotta uguale per ostinazione e tuttavia esattamente contraria a quella di tutte le altre sere dell'anno, quando si tratta viceversa di rinviare il più possibile il momento di chiudere gli occhi. La notte fra l'uno e il due novembre fa eccezione, bisogna riuscire ad addormentarsi prima possibile. Si millanta sonno a orari precoci per ottenere di essere messi a letto. E naturalmente, una volta sotto le coperte, non c'è niente da fare, non si dorme affatto. È come guardare la pentola aspettando che l'acqua cominci a bollire: secondo un proverbio isolano basta lo sguardo d'attesa a bloccarne l'ebollizione.

Il problema del bambino è riuscire ad addormentarsi prima che arrivino i morti. E sembra impossibile, perché durante le tergiversazioni tra sonno e veglia vengono pensieri del tipo: ma come saranno, questi famosi morti? Saranno com'erano da vivi, magari solo leggermente impalliditi, o avranno il lenzuolo sulla testa? Oppure saranno morti iperrealisti? Nel caso, i morti di vecchia data saranno probabilmente degli scheletri. Ma il nonno morto l'anno scorso avrà di certo qualche pezzetto di carne putrefatta ancora attaccato alle ossa. Se mi trova sveglio sarà imbarazzante. Dovrò baciarlo, abbracciarlo, cose del genere. Perché non riesco a dormire?

Al limite – pensa il bambino – se il nonno arriva e sono ancora sveglio, posso fare finta di dormire. Posso tenere gli occhi chiusi. Ma saprò resistere alla tentazione di aprirli anche solo per mezzo secondo, solo il tempo di vedere com'è diventato il nonno nel frattempo? E se lui si accorge che faccio finta di dormire? I morti queste cose le sanno. Che figura ci faccio?

Gli adulti lo hanno messo a letto con un sorriso. A loro pare nulla: stanotte vedrai che il nonno ti porterà un bel regalo. Ma è un sorriso inservibile, un sorriso come quello che precede le iniezioni. Sorridono e ti fregano, nascondendo il vero problema: com'è diventato nel frattempo il nonno?

La lacerazione nasce dal fatto che quella dei bambini moderni è una generazione intermedia, presa in mezzo fra la tradizione della festa dei morti e la modernizzazione a tappe forzate procurata dalla televisione. I genitori dicono *i Morti* a cuor leggero, e i figli immaginano uno degli zombi intravisti sullo schermo. I bambini di oggi sono fregati perché rimangono in mezzo al guado fra due culture. Per loro i morti sono un grato pensiero e un'angoscia al tempo stesso. Chi ha ragione? Papà e mamma o la televisione? Da questa schizofrenia nasce l'ansia felice che li prende quella notte.

Arriva poi sempre e comunque il sonno, e quasi mai si tratta di un sonno popolato da incubi: un sonno sereno. E l'indomani da qualche parte c'è un regalo nascosto da cercare. Il regalo è un sollievo, certo: ma chi l'ha portato? Il nonno o una carcassa brulicante di vermi? O invece sono stati i genitori, come qualche amico più scafato già suppone e maligna?

A pensarci bene, osservato da un punto di vista adulto, il concetto stesso di *festa dei morti* risulta deviante per la cultura occidentale del lutto. Cosa c'è da festeggiare nella morte? Quale allegria nella commemorazione dei defunti? Eppure nella Città funziona così. Forse un culto dei morti altrettanto articolato trova riscontro solo fra le popolazioni del Messico. O nella dimestichezza con cui settecentomila persone al Cairo vivono all'interno dei cimiteri.

Le manifestazioni del lutto stretto e recente sono sempre tragiche e ostentate, come da copione meridionale. Tuttavia non appena il lutto si fa meno stringente affiora una vena di umorismo nero. Sui morti si scherza per esorcizzare la morte stessa. Non per nulla la santa protettrice della città, Rosalia, tiene in mano un teschio, autentico *memento mori* per l'intera comunità di fedeli. Non per nulla una delle tappe del giro canonico che gli abitanti della Città infliggono al viaggiatore nel tentativo di terrorizzarlo è la catacomba dei Cappuccini.

Fino al secolo scorso poteva capitare, dopo morti, di essere appesi al muro, proprio come un quadro. Sono centinaia i cadaveri che ancora oggi si trovano così disposti alla catacomba dei Cappuccini, dove gli ospiti stranieri vengono accompagnati per il gusto puro e semplice di *épater les touristes*.

Una forma di umorismo nero che confina col sadismo diffusa anche in ambito gastronomico, quando i viaggiatori vengono portati ad assaggiare certe specialità come musso, frìttola, stigghiòla, milza. Sono tagli di scarto della carne, parti che normalmente si gettano via; non è veramente carne, è il fantasma della carne cucinato in maniera spaventosamente grassa, l'ostentazione carnevalesca della carne morta. Quel che attrae e respinge il viaggiatore nei mercati popolari è l'esibizione delle teste di capretto, dei piccoli animali scuoiati e impiccati, delle collane di lingue di vacca esposte come insegna delle macellerie. Anzi: delle *Carnezzerie*, il termine che si adopera da queste parti.

È un sadico piacere tipicamente isolano, che si riscontra anche nel *Gattopardo*, quando il nipote minore del principe si dilunga nel raccontare al piemontese Chevalley le sevizie alle quali i briganti dell'Isola erano soliti sottoporre i loro rapiti – di preferenza continentali, come Chevalley medesimo – se appena i parenti provavano a tardare nel pagamento del riscatto. Anche alla catacomba dei Cappuccini la carne morta viene ostentata, teatralizzata e messa in grottesco. Il luogo sarebbe spaventoso se non fosse così esageratamente sfrontato. E poi c'è la quantità a sdrammatizzare il tutto. Trovarsi improvvisamente davanti a una mummia provocherebbe il panico, ma l'infilata di molte mummie è una specie di carnevale.

Sottoterra ci sono dei lunghi corridoi, e sulle pareti dei corridoi, i cadaveri. Sono decisamente molto più cadaveri che mummie, trattandosi di corpi solo sommariamente imbalsamati. Ancora si conservano gli essiccatoi dove venivano lasciati a purgarsi alla meno peggio. Quando erano scheletri o poco più, venivano rivestiti e appesi alle diverse pareti, suddivisi sulla base della loro appartenenza sociale. Su una parete i borghesi, su una gli aristocratici, su una i prelati, su una i bambini, tutti con addosso gli abiti che possedevano quando erano in vita. Per non lasciare libero nemmeno un ritaglio di muro, ai loro piedi si trovano disposte le bare di ciascuno.

Succedeva poi che nel giorno dei morti o all'anniversario della dipartita, la famiglia venisse a fare visita alla buonanima. Si presentava ai Cappuccini una delegazione familiare il più possibile completa. Nei giorni normali le sedie si trovavano sul posto, mentre il due novembre, considerato l'afflusso di visitatori, era prudente portarsele da casa, se si voleva stare comodi. Coi morti, difatti, era consuetudine fare salotto. Le sedie venivano disposte ai piedi del cadavere e cominciava la conversazione. Argomento erano di preferenza gli eventi dell'anno trascorso dall'ultima visita:

– Ninetta si sposò, Calogero ebbe un maschietto, i vicini emigrarono, lo zio è morto...

Un monologo da parte dei vivi che poteva andare avanti per mezza giornata. Ci saranno stati dei momenti di imbarazzo, come sempre succede quando uno dei partecipanti alla conversazione è taciturno. Per questo era previsto anche un rinfresco appositamente portato da casa. Si mangiava, si beveva e si chiacchierava fin quando non era ora di interrompere la visita e andare via.

Una versione analoga della visita al morto si pratica ancora oggi, quando ai Cappuccini non si appende al muro più nessuno. Il due novembre i familiari superstiti vanno al cimitero e si dispongono attorno alla tomba. L'unica vera differenza è la posizione del morto, che è orizzontale e invisibile, presente solo per interposta lastra di marmo. Quasi uguali sono invece i discorsi e uguale è lo stato d'animo dei familiari, che salvo lutti recenti e casi di particolare devozione, risulta lieve. Il morto era e resta uno di famiglia da far sentire il più possibile a suo agio. Anzi: tanto più da non deprimere con discorsi malinconici, in quanto già costretto a passare il suo tempo in un posto tanto triste. I parenti si sentono in dovere di tirarlo su, almeno una volta all'anno.

Come nella Macondo immaginata da García Márquez, nella Città i morti sono morti solo fino a un certo punto. Interagiscono coi vivi, si presentano quando serve a dispensare giudizi e consigli. Ingeriscono nella vita di famiglia avendo maggior titolo ed esperienza per dire la loro. I contatti vengono tenuti anche attraverso i moribondi; Leonardo Sciascia raccontava di un anziano parente agonizzante e consapevole di esserlo, attorno al quale parenti e amici si stringevano senza scrupoli per raccomandarsi di trasmettere messaggi di saluto ai congiunti trapassati. All'ennesima richiesta, il moribondo ebbe un moto di desolazione:

– Per favore, scrivetemeli su un foglietto tutti 'sti cose, ché sennò me li scordo.

Sulla morte si scherza. Si ride per non dover piangere. Anche la maggior parte degli spiriti e fantasmi presenti sul territorio in forma di leggenda sono di genere benigno; a essere maldisposti nei confronti dei vivi sono soltanto i morti di morte violenta. Come i briganti raccontati dal nipote del Gattopardo e come gli imbalsamati dei Cappuccini, gli spiriti che animano luoghi ed edifici sono più *utilizzati* dai vivi per spaventare, che spaventosi in sé e per sé. Loro, per carattere, sarebbero decisamente mansueti.

Una, per esempio, è la monachella che alberga all'interno del Teatro Massimo. La tradizione vuole che la sua anima sia in pena da quando per costruire il teatro vennero abbattuti il convento preesistente e la chiesa di San Giuliano, sbancando la sua centenaria sepoltura. Si racconta di diverse sue enigmatiche apparizioni alle maestranze del teatro. Non fa niente di particolare: appare, scompare, e basta.

Ma si sbaglierebbe a pensare che il rapporto con la morte sia statico. Anzi, è soggetto a continue trasformazioni. La stessa festa dei morti, specialmente negli strati sociali più alti della popolazione, non esercita più il fascino che esercitava fino a vent'anni fa. Anche per i bambini della Città la morte risulta un problema prematuro. È il risultato di una mutazione culturale, visto che la borghesia ha progressivamente abbandonato la tradizione dei regali portati dai morti, preferendo importare la festa di Halloween, che al confronto con la commemorazione dei defunti nella Città appare come un'infantile pagliacciata. La tradizione del due novembre sopravvive ormai solo a livello popolare, e anche qui non si sa fino a quando. È una mutazione culturale e forse persino genetica. Prima i conti con la morte toccava farli presto, a tre anni si era abbastanza grandi per sapere di dover morire, prima o poi, e quindi farsene una ragione.

Anche tu, viaggiatore, visto che ormai nella Città ci sei, cerca di entrare nello spirito con tutto il senso dell'umorismo che riesci a mettere assieme su argomenti del genere. Tira un bel respiro, prendi fiato, fai gli scongiuri che credi. Considera che anche in questo campo qualcosa sta cambiando, la modernità avanza. Ma non troppo in fretta.

CINQUE:
gli sguardi e le facce

Un'altra cosa che sta cambiando, per esempio, è la tecnica dello sguardo. Questo è un altro punto sul quale bisognerebbe avvertirti. Né allarmarti né rassicurarti troppo. Ma avvertirti sì. Prima di deciderti una buona volta a uscire dall'albergo, devi sapere che sopravvive un modo di osservare che specialmente i Viaggiatori Femmina spesso fraintendono. Cominciano a fraintendere già sul traghetto che le porta da Scilla a Cariddi, quando avvertono che la qualità degli sguardi maschili è cambiata, si è fatta più invadente. Sono sguardi insistiti, concupiscenti, del genere che fa sentire una donna a disagio. Una sensazione che viene considerata fra le caratteristiche isolane più moleste, segno residuo di inciviltà. Quando si parla degli sguardi dei maschi isolani, i commenti non sono mai lusinghieri. Al massimo il fastidio viene poi smorzato da una serie di formulazioni avversative. Certo, quel modo di guardare è volgare, però fa parte del carattere degli isolani, della loro sensualità; però va messo in un unico bilancio con la loro intelligenza speculativa. Però, però, però. A forza di *però* sull'Isola si passa sopra un sacco di cose.

Gli sguardi che risultano tanto irritanti sono quelli che Vitaliano Brancati chiamava *ingravidabalconi*, tesi come sono a scrutare dietro le imposte delle case per immaginare la vita segreta che dietro vi si svolge. Tuttavia fraintende, il Viaggiatore Femmina, se pensa che lo sguardo concupiscente possa essere preludio di molestia fisica. Così è solo in casi sporadici; la femmina viene mantenuta sempre sull'altare dell'intangibilità. Se sei Viaggiatore Femmina ed è per questo che esiti ad affrontare la Città, ricrediti subito. Mancano le statistiche, ma nell'Isola la violenza carnale difficilmente è fatto sociale, di gruppo; piuttosto, nella maggioranza dei casi, raptus sporadico, gesto di uno squilibrato, alterazione degli equilibri tradizionali per contaminazione moderna. Altri sono i delitti ammissibili, e spesso efferatissimi; ma nel codice mafioso la violenza su donne e bambini viene punita con severità. E sebbene ripugnante, il codice mafioso rimane termometro sicuro della temperatura culturale.

Ma naturalmente il fastidio che accompagna il sentirsi osservati con insistenza va al di là del timore di una violenza fisica. Nella concezione comune al resto del mondo si è portati a ritenere la sfera del proprio privato inviolabile dagli sguardi altrui. Come si permettono gli altri di guardare? E in una certa misura è vero: come si permettono? Ogni sguardo è un giudizio, e ognuno ha il diritto di non essere, o non sentirsi, giudicato. Gli sguardi che hai incrociato prima di chiuderti in albergo parevano invece voler proprio prendere le tue misure fisiche e morali.

Qui sta il fraintendimento. Il proprietario dello sguardo concupiscente potrebbe discolparsi parafrasando il personaggio della Signora Morte nella *Samarcanda* di Vecchioni:

[...] Sbagli, t'inganni, ti sbagli soldato:
io non ti guardavo con malignità.
Era solamente uno sguardo stupido...

Eccetera, eccetera. Ma ecco il punto: lo sguardo stupito. La capacità di mantenere nei secoli la tecnica di uno sguardo capace di stupore fa sì che l'esperienza della seduzione nell'Isola sia quasi un *unicum* antropologico. Come succede nei paesi arabi, per una questione di castigatezza dei costumi è agli occhi, unica parte del corpo lasciata scoperta, che viene affidato il linguaggio della fascinazione. E anche oggi che la superficie corporea scoperta è aumentata, gli occhi della Città guardano nella stessa maniera.

*[...] Ti aspettavo qui per oggi a Samarcanda,
cosa ci facevi l'altro ieri là?*

Lo sguardo dice il falso sbigottimento di incrociare un destino proprio lì e proprio in quell'attimo. Non c'è niente di strano. Chi guarda ci marcia sempre. Ma la capacità di stupirsi per così poco è un modo per tenere l'occhio in allenamento costante.

Del resto ogni fraintendimento femminile dovrebbe essere scongiurato dalla considerazione che, in tempi moderni, a guardare sono anche e quasi in ugual misura le donne, le ragazze, le ragazzine persino. Anche loro affidano allo sguardo la loro ipotesi di seduzione. Non si tratta nemmeno di sguardi nascosti, fugaci, dal basso verso l'alto. Al contrario: il guardare delle donne della Città è spesso un guardare diretto, sfrontato, apertamente provocatore, sebbene non manchino mai le sfumature di ambiguità. In realtà, a saperli cogliere, gli sguardi delle donne non sono meno inquisitori rispetto a quelli degli uomini. Il gioco prevede una reciprocità, e forse questa intraprendenza femminile non è nemmeno da ascrivere a una conquista dell'emancipazione. Già nel settecento un viaggiatore come Brydone descrive la sensualità delle serate di piazza Marina. Un'orchestrina suonava nel buio più completo. L'amministrazione della Città evitava di predisporre un'illuminazione pubblica, l'oscurità era procurata a bella posta per consentire a dame e cavalieri di potersi corteggiare con maggior discrezione. Brydone lascia capire che nella tenebrosa intimità di piazza Marina ogni supposto pudore delle abitanti della Città veniva ampiamente smentito.

Certo, almeno nella tradizione, alla donna è riservato un ruolo seduttivo riflesso. Vista la rarità dell'occasione, per lungo tempo incrociare uno sguardo femminile è stato un gioco di grande sensualità. Lo stesso gioco è rimasto anche oggi, quando le regole sembrerebbero cambiate, come pure la topografia della seduzione. Ma ancora oggi si seduce lungo il corso, nelle passeggiate. Stessa cosa per quanto riguarda i tempi: si seduce al sabato e alla domenica. La via capitale della seduzione giovanile piccolo borghese è l'isola pedonale di via Belmonte, oppure piazza Politeama, nel pomeriggio, quando i ragazzi fanno capannelli e si corteggiano rispettando modalità secolari. Solo gli sguardi femminili – e i sorrisi, e gli indumenti – sono cambiati rispetto al passato. Due ragazzi rivolgono con un pretesto la parola a due ragazze. Le ragazze non li guardano e non parlano, continuano a passeggiare. Ma i ragazzi insistono, e del resto è palese che le ragazze non vanno da nessuna parte, sono lì per lo stesso motivo dei maschi, per piacere e farsi piacere qualcuno. Ossia per declinare il verbo guardare nella sua triplice incarnazione dialettale: *taliàre*, *mommiàre* e *alluccàre*. Tre verbi per dire la stessa cosa, e cioè non solo guardare, ma precisamente osservare con stordente desiderio. *Talè como talìa.* Guarda come guarda.

Ai piani sociali più alti il corteggiamento avviene in maniera decisamente più rarefatta. Ma anche qui lo sguardo, sia maschile sia femminile, è una componente essenziale, se non altro nella forma specifica dell'*occhio di mondo*: la gente guarda e per ciò stesso bisogna procedere alla messinscena della seduzione. È quasi un obbligo sociale. Fosse anche solo per celare l'attrazione erotica, situazione allettante più di ogni altra, ma da tenere nascosta dietro il gioco.

Alle feste e nei circoli la buona borghesia confina col patriziato, ed entrambi fanno esercizio di maldicenza e stravaganza. Maldicenza sulla stravaganza. La sovreccitazione dei giovani e l'impotenza dei vecchi si fa invenzione verbale e trasmissione del pettegolezzo. Ancora si racconta di quando la timida giornalista si tolse le scarpe e salì a ballare su un tavolino. O ancora del barone La Lomia, che nel corso dei suoi studi classificò trentaquattro tipi di donna esistenti in natura, distinti per carattere e preferenze sessuali.

Oggi come ieri la folta aristocrazia della Città nella maggior parte dei suoi esponenti considera un'offesa al proprio rango l'idea di lavorare. Per questo ha tempo e comodo di coltivare le proprie stravaganze anche amorose. Si tratta di una forma di collezionismo ludico molto spesso fine a se stesso. Rispetto ad altrove, in questo contesto la seduzione è un gioco puramente astratto, al confronto del quale gli scacchi sono accanimento materialistico. Il gioco amoroso delle parti prevede che all'incrociare degli sguardi segua molto spesso poco o niente. C'è persino un appellativo per definire le ragazze propense più al corteggiamento che alla consumazione: *profumiere*; nel senso che prepongono l'odorato a tutti gli altri sensi: alla vista, ma soprattutto al tatto. Lasciano intendere il loro odore, magari guardano anche, ma non toccano né si lasciano toccare. Eppure l'appagamento sussiste ugualmente e coincide col piacere del gioco in sé. La carnalità è importante, per carità, ma è un dettaglio secondario.

Così come negli scacchi, chi si vede perduto abbatte il Re prima di arrivare all'onta esplicita del Matto, allo stesso modo la perversione isolana preferisce fermarsi un attimo prima, tralasciando la banalità, a quel punto, del sesso fatto e finito.

Tutti questi bei discorsi varrebbero zero se non partissero dal presupposto che gli sguardi della Città hanno qualcosa di diverso da quelli di altrove. Possono al limite somigliare ad altri sguardi che abitano il sud del mondo. Un sud che può essere benissimo anche oriente o occidente, purché si costituisca come periferia rispetto alle grandi capitali e al grande capitale. Gli sguardi della periferia del mondo hanno questo di particolare: esistono, e bisogna farci i conti.

Supponiamo che salga una signora su una carrozza della metropolitana di Parigi. Tiene in mano una margherita appassita. Molto appassita. Praticamente senza più nemmeno un petalo. La signora ha poi una serie di scatti nervosi, parlucchia da sola e mostra tutte le stimmate che rendono immediatamente riconoscibile la pazzia. La sua presenza su un mezzo pubblico nella Città susciterebbe una serie di reazioni comprese fra lo scherno e il compatimento; sulla metropolitana di Parigi no. Inutile cercare queste reazioni negli occhi della ventina di persone che si trovano sulla stessa carrozza: non ci sono. Inutile cercarne altre: non ci sono nemmeno quelle. Nessuna reazione. Non se ne sono accorti. Non è che facciano finta di non vederla: non la vedono sul serio. Per il significativo campione di popolazione multisociale e multirazziale che si trova lì in quel momento, la signora col fiore appassito non esiste. Come se non entrasse nel loro campo visivo. Certo, la signora può in questo modo farsi i fatti propri senza l'attenzione morbosa degli astanti, ma è sicuro che sia meglio così? È sicuro che la tolleranza coincida con l'invisibilità?

Su questo piano gli sguardi della Città – che è città per modo di dire, visto che si trova sul limitare della provincia – sono una garanzia di esistenza in vita. Perché qui esiste, incrociando un passante, almeno la remota possibilità di una conoscenza. In provincia si guarda per scoprire se per caso ci si conosce. Spesso naturalmente non è così, ma lo sguardo, almeno uno sguardo, non si nega a nessuno. Il primo sguardo è comunque un contatto dal quale possono conseguire mille e nessun effetto. Intanto, però, c'è. E due sguardi che si incrociano non mancano mai di promettersi a vicenda le storie che hanno da raccontarsi. Al contrario, in una metropoli gli sguardi scorrono addosso e non si fermano mai. È difficile supporre di conoscere qualcuno che capita di incrociare, e quindi è inutile guardarlo. Quindi è inutile guardare. Quindi non si guarda. Non si guarda mai.

Gli sguardi della Città esprimono sempre una mancanza di indifferenza che può essere ferocia o dolcezza, a seconda dei casi. Ma qualcosa esprimono sempre. Il difficile viene quando si tratta di spiegare tutta questa teoria degli sguardi sottoponendola a chi viene dal nord del mondo, dal centro, da una delle capitali. Fra le inconvenienze del vivere *in partibus infidelium* c'è la rassegnazione di assistere alla calata degli inviati. Nella Città, gli inviati dei grandi giornali arrivano d'abitudine subito dopo un delitto o subito prima di una tornata elettorale. O ancora, quando devono rendere conto di una supposta rinascenza o di una supposta decadenza. L'inviato viene, annusa, gira, raccoglie una serie di impressioni virgolettabili, riparte e svolge il compito che gli è stato assegnato. L'articolo viene poi letto nella Città con un misto di trepidazione (prima) e disillusione (poi). Trepidazione del genere: Vediamo Che Ha Scritto Stavolta Questo. Disillusione del genere: Noi, Comunque, Siamo Molto Più Complicati Di Così.

Gli abitanti della Città credono di essere estremamente complicati. Si offendono delle semplificazioni che li riguardano. Esiste un genere di imbarazzata suscettibilità che accomuna isolani ed ebrei, due popoli che hanno fatto del senso di colpa un tratto caratteriale collettivo costante. A pensarci bene però, gli isolani sanno benissimo a cosa è dovuto il loro senso di colpa: credono di essere in debito nei confronti del mondo perché dalla loro isola la mafia si è ramificata nel mondo e lo ha impestato. Gli isolani, anche quelli onesti, nel loro profondo sentono di appartenere a una stirpe di untori. Sono persino pronti ad ammetterlo, e anzi sono i primi a parlare malissimo della loro Città, proprio come gli ebrei parlano male di se stessi. Allo stesso tempo però – ancora una volta: come gli ebrei – non accettano che siano gli altri a parlare male di loro. Pur non ritenendosi all'altezza del resto del mondo non ritengono il mondo alla loro altezza. Certuni lo fanno apposta. Tienine conto, se mai ti troverai ad affrontare il *mare magnum* di una conversazione con un indigeno. È probabile che lui cominci a parlare male della sua Città. Malissimo. Ma stai attento, è una trappola. Se commetterai l'errore di assecondare le opinioni ostentate dal tuo interlocutore, sarai fregato. Se dirai: hai ragione, la Città è veramente pessima come dici, lui ti toglierà il saluto per sempre. Mostra piuttosto di pensarla diversamente. Di' che esagera, che la Città a te pare un posto meraviglioso. È questa la risposta che lui si aspetta da te. Il gioco delle parti prevede che su questo copione tu lo contraddica.

Il presupposto è che gli stranieri non siano in grado di comprendere certe sottigliezze. Come gli ebrei, anche gli isolani coltivano la generale convinzione che la loro civiltà sia più complicata delle altre. Forse migliore, forse peggiore, ma di sicuro più complicata e radicale. In realtà non lo sono: *cre-*

dono di essere complicati. Questo complica molto le cose. E con ciò siamo al punto di partenza.

Per evitare complicazioni, fra le inconvenienze del vivere *in partibus infidelium*, certe volte, c'è pure l'incombenza di accompagnare uno di questi inviati nei suoi giri cittadini. È una specializzazione della cortesia che confina con la speranza di riuscire a limitare i danni. Capita di accompagnare l'Inviato di un grande settimanale, l'*Espresso* o *Panorama* (visti *in partibus infidelium* i settimanali, per quanto diversissimi, tendono a somigliarsi), il quale deve scrivere un pezzo sulla cosiddetta *movida* della Città. Nel caso, conviene portarlo in un locale alla moda, uno di quei locali dove ultime e penultime generazioni della borghesia cittadina vanno a riconoscersi.

Fra un aperitivo e l'altro è facile che la conversazione finisca per appuntarsi sulle facce degli avventori. Facile che l'Inviato noti che si tratta di facce molto simili, praticamente indistinguibili da quelle dei coetanei pariolini o sanbabilini. Ecco fatto: la luce nei suoi occhi sta a segnalare che l'Inviato ha trovato la sua Notizia, e da questo momento in poi nessuno riuscirà più a separarli. Del resto, che si tratti di una notizia è vero. Le facce sono cambiate, stanno cambiando. Vanno scomparendo i classici vecchi dalla faccia scolpita, che esprimono al naturale il peso dei secoli di sopraffazione già tollerati più quelli ancora da tollerare. In tutta la miriade di locali e localini che danno l'idea della vivacità mondana si incontra piuttosto quel tipo di facce su cui l'abbronzatura confina spensieratamente col cancro della pelle.

Inutile spiegare all'Inviato che più che un progresso, questo rappresenta il vero problema. Se le facce dei giovani della Città somigliano a quelle di Roma o Milano significa che qualcosa di grave sta succedendo su un terreno compreso fra la genetica e l'antropologia. Se infatti è dubbio che sia desiderabile somigliare a qualcun altro, e specialmente a certuni altri, di sicuro non è gratificante arrivare a una somiglianza del genere in ritardo di alcuni anni rispetto al modello prefissato. In questo consiste l'essenza del provincialismo: arrivare sulle mode fuori tempo massimo. È un modello esistenziale e culturale desiderabile quello oggi dominante sul territorio nazionale? È il caso di adeguare la propria faccia a questo modello esistenziale e culturale? E che senso ha farlo quando ormai il modello è andato oltre?

Gli sguardi sono importanti, le facce sono importanti. Le facce della Città hanno da raccontare storie molto diverse da quelle che raccontano le facce di qualsiasi altra città del mondo. Non necessariamente migliori, non necessariamente peggiori: diverse. L'omologazione delle facce e degli sguardi è un rischio che la Città sta correndo, ma non è detto che sia il prezzo necessario da pagare per il conseguimento della modernità. La scommessa, in realtà, per essere regolare dovrebbe trovarsi in linea con la tradizione isolana della convivenza.

Per esempio, nel giro di pochi anni sono stati aperti tre McDonald's. I McDonald's sono sempre una spia interessante di adeguamento all'omologazione mondiale. Entro una certa fascia di sottosviluppo sono persino consolanti: garantiscono il raggiungimento di uno standard internazionale di sicurezza e stabilità. Da una certa fascia di sottosviluppo in su, invece, destano preoccupazione. Quelli della Città sono sempre pieni, e non è difficile immaginare che altri ne verranno aperti in futuro. Ecco: l'ideale sarebbe aprire un McDonald's lasciando a ciascuno una reale scelta fra cheeseburger e pane e panelle. In fondo si tratta in entrambi i casi di fast food, e per l'avventore il tasso di colesterolo risulta più o meno equivalente. Naturalmente è una pia illusione, visto che fra cheeseburger e pane e panelle uno dei due contendenti possiede un'attitudine invasiva che l'altro non conosce, e dunque sul lungo periodo è destinato a prevalere.

Su questa china si trova adesso la Città; questa sospensione raccontano le facce, gli sguardi dei suoi abitanti. Specialmente quelle dei giovani o giovanili. Sottigliezze del genere si cercano di spiegare all'Inviato, dell'*Espresso* o di *Panorama* che sia. E l'Inviato alla fine sembra convinto. Sembra proprio convinto. Poi, tornato a casa, scrive e pubblica cinque cartelle il cui senso, più o meno, è: che bello, quanto è moderno, le facce dei ragazzi della Città somigliano a quelle dei ragazzi di Milano.

SEI:
a proposito di mangiare

Tutto quel che finora s'è detto, s'è detto supponendo che amore e morte, sguardi e volti facciano parte del paesaggio di una città. Ma del paesaggio di una città, prima di arrivare alla struttura urbanistica e ai monumenti veri e propri, fanno parte molte altre componenti: gli odori e i sapori, per esempio. Si può andare per musei, certo. Si possono visitare le chiese. Ma per farti un'idea della Città conviene andare in qualcuno dei mercati, o anche solo in una friggitoria.

Questa regola vale per ogni città del mondo, ma tanto più qui, dato che la Città tende a mostrare di sé un'immagine particolarmente odorosa e saporita. Di questa sua succulenza la Città si compiace anche. È la versione che vuole rendere pubblica. Ma ci sono odori e sapori che per te rimarranno sconosciuti, a meno che tu non riesca a entrare nel cuore di una famiglia, cioè di una Grande Madre di Famiglia, che ti inviti a pranzo. Un invito a pranzo del genere è prezioso. Solo in una casa privata potrai farti un'idea delle frittelle di neonata di pesce, che i ristoranti non offrono – o, perlomeno, non dovrebbero offrire – perché la pesca del novellame è proibita. Solo così potrai fare la conoscenza del piatto che per forma e sostanza rappresenta il totem della gastronomia domestica: il brociolone. Inutile cercare nei libri di cucina la tecnica di preparazione del brociolone, perché non c'è. Grossomodo si tratta di un polpettone, ma non esiste una vera e propria ricetta perché ogni padrona di casa lo prepara come vuole e con gli ingredienti che ha. Può trattarsi di un'unica fetta di carne o di un malloppo di carne trita, a seconda dei casi. La farcitura è composta da alcuni ingredienti fissi, che pure cambiano da famiglia a famiglia, e altri variabili, sulla base di ciò che è rimasto in cucina dai giorni precedenti: uova sode, formaggio, prosciutto, eccetera. Anche il contorno cambia di volta in volta; le variabili principali sono: piselli, patate o salsa di pomodoro. Allo stesso modo del brociolone, sapori privati sono la pasta coi broccoli in tegame, la pasta con sarde a mare, quella *coll'anciòva e muddìca* (acciuga e pangrattato), il tonno a ragù, la stessa frittella di fave che solo ogni tanto si trova anche al ristorante.

Molto vasto è anche il repertorio dei sapori pubblici, e in ciascuno di essi è possibile riconoscere un carattere identitario della Città. Esci, magari anche solo per prendere un caffè. Forse basterebbe questo a superare l'incantesimo che ti trattiene. Tu sai che nel meridione d'Italia si attribuiscono al caffè grandi virtù socializzanti. Il caffè appartiene a una tipologia altamente significativa: qui esiste il culto del caffè, ma differisce di molto da quello partenopeo: a Napoli prendere il caffè è cerimonia felicemente estroversa, nella Città invece viene vissuta come rituale atto di contrizione. Da queste parti il caffè si prende in stato di necessità, e se anche rappresenta una pausa nel lavoro, di pausa necessaria si tratta. Diciamo: *devo prendere un caffè*. Questa frase rende l'idea della costrizione subita: il caffè è paragonabile alla dose indispensabile per un tossicodipendente. Questa distinzione è peculiare e aiuta a comprendere le differenze fra due città che spesso e a torto vengono assimilate. In realtà, tanto Napoli è espansiva, quanto invece la Città è introversa. Per fare un esempio, nelle chiese della Città si prega – anzi, nella maggior parte dei casi sono le donne a pregare, perché gli uomini vanno in chiesa solo la domenica – quasi accartocciati su se stessi, in una postura che è di per sé atto di espiazione. A Napoli, viceversa, uomini e donne di fronte alle statue dei santi stanno compostamente inginocchiati o addirittura eretti, e soprattutto con braccia aperte e palmi delle mani offerti, in modo da fare antenna con tutta la superficie corporea possibile e ottenere una migliore ricezione della Grazia Divina.

Tornando al bar, devi sapere che nella Città il caffè si serve di norma ristretto: la quantità in tazzina non deve superare il dito, meglio ancora se di mignolo si tratta. Se l'avventore non specifica altrimenti, e spesso anche se specifica altrimenti, al banco arriva un estratto concentrato di adrenalina. La ristrettezza canonica non esclude che l'avventore possa sbizzarrirsi con richieste personali. Il caffè può infatti essere: ulteriormente ristretto (!), lungo, caldo, freddo, freddo granuloso, freddo senza zucchero, corretto, macchiato, macchiato caldo, macchiato freddo, macchiato con latte a parte, decaffeinato, con dolcificante, con zucchero di canna, cappuccino, cappuccino con caffè a parte, caffellatte caldo, caffellatte freddo, in tazza grande, in tazzina di plastica, in bottiglia da portare via zuccherato, in bottiglia da portare via senza zucchero, più molte altre varianti *ad libitum*. Come già notava Enzensberger, a questa apparente libertà di desiderio, del resto tipicamente italiana, corrisponde una sostanziale omologazione del gusto. Il barista, cioè, servirà in ogni caso ciò che più gli aggrada per temperatura, quantità e sapore, a prescindere dalle richieste.

Ciascun abitante della Città ha il suo caffè preferito e un

locale dove glielo preparano proprio come piace a lui e solo a lui. Questa pretesa di originalità ha una fenomenologia molto diversificata. Un carattere distintivo consiste, ad esempio, nella pretesa di cambiare il nome delle cose e dei posti per adeguarli al proprio estro. Si è già detto di Santa Maria dei Naufragati che diventano direttamente Annegati. Altro esempio: sant'Agostino non viene considerato un titolare adeguato alla bella chiesa che si trova nel quartiere del Capo, che difatti a discrezione degli abitanti della zona è stata ribattezzata Santa Rita. È una tendenza alla personalizzazione che trova parecchi esempi nella toponomastica cittadina: quella comunemente chiamata piazza Politeama è formata in realtà da due piazze contigue e misconosciute: piazza Castelnuovo e piazza Ruggiero Settimo; piazza Mordini diventa piazza Croci; piazza Verdi è per tutti piazza Massimo; piazza Giulio Cesare è *La Stazione*, senza piazza; così come piazza Vittorio Veneto è diventata semplicemente *La Statua.* Da qui derivano dialoghi che per un forestiero possono risultare surreali:

– Dove abiti?
– Alla Statua.

Dove peraltro la statua della Vittoria è quasi invisibile, posta com'è in cima a un obelisco. Ma per gli abitanti della Città cambiare i nomi delle cose significa adattarle al proprio capriccio e affermare così la propria personalità. Fermo restando che le cose rimangono sempre quelle che sono sempre state. Come il caffè, appunto.

Nella normalità dei casi il caffè viene servito in tazzine ad altissima temperatura. Per raggiungere con sicurezza l'effetto di ustionare le labbra del cliente, la tazzina viene tenuta sopra la macchina e lì lasciata ad arroventarsi. Solo dopo un paio d'ore la tazzina può dirsi pronta all'utilizzo. Dopo lo choc iniziale il cliente può chiedere che la tazzina gli venga cambiata, e il barista può accontentarlo o meno, volentieri o meno. Se lo farà, tenendo la nuova tazzina sotto l'acqua corrente, il barista manterrà tuttavia un atteggiamento di sufficienza, come a dire: vedi che mi tocca fare e vedere. Il cliente, in ogni caso, da quel momento smetterà di essere oggetto di considerazione da parte sua.

Anche per questo, per non perdere la stima del barista, in genere il cliente non protesta e si tiene la tazzina rovente. Per questo, e perché la tazzina rovente è metafora di un certo sadomasochismo che contraddistingue gli abitanti della Città nei loro rapporti interpersonali e nei rapporti che tengono col resto del mondo.

Un'altra tipologia aromatica è ben rappresentata dalla stigghiola. Si definisce *stigghiòla* (femminile plurale invariabile) l'intestino di agnello o vitello svuotato alla meno peggio e altrimenti farcito. Raffinata è la variante caprina. Le stigghiola si vendono presso alcune bancarelle nei punti strategici della città, sempre sui marciapiedi e in aleatorie condizioni igieniche. E d'altronde gli intenditori privilegiano più il sapore del prodotto che la sua affidabilità sanitaria, dote che certuni ritengono addirittura controproducente, nel caso specifico. Meglio comunque diffidare di chi in questo campo si sente di mettere la mano sul fuoco per un particolare rivenditore. I banchetti specializzati si segnalano per la nube profumata che li avvolge, e per il piccolo ingorgo di sfaccendati che ruota lì attorno. L'avventore non abituale, se aspira alla salvezza della digestione, farà bene a farsi presentare, o a offrire autonome credenziali:

– Mi manda lo Zu' Tale, eccetera.

Non è necessario che Zu' Tale sia consapevole dell'utilizzo del suo nome. Non è necessario nemmeno che Zu' Tale sia persona davvero esistente.

Le stigghiola rappresentano la punta di diamante di una gastronomia *on the road* che comprende anche il *musso*, la *quarume* e la *frìttola*. Musso e quarume sono orecchie, muso e frattaglie di vitello bollite. La frittola viene tenuta all'interno di un cesto foderato e coperto con un panno che ne mantenga la temperatura. A richiesta, il rivenditore tufferà la mano nel contenitore e ne estrarrà una manciata di reperti dall'apparenza untuosa, offrendoli su un foglio di carta oleata. Che cosa precisamente siano i reperti si stenta a sapere, e il panno serve pure a preservarne il mistero. La teoria prevede che si tratti di cartilagini di bovini e suini prima bollite, poi fritte e spolverate di zafferano.

I banchetti che vendono questo genere di alimenti non sono solo quel che sembrano. Sono anche banchi di prova. Qui gli abitanti della Città ti condurranno per mettere a cimento il tuo stomaco e il tuo coraggio. L'offerta della frittola è paragonabile al giro dei morti ammazzati cui vengono sottoposti i visitatori per saggiarne lo spirito di sopportazione. Uguale è lo spirito della proposta e uguale è il raccapriccio che nella maggior parte dei casi se ne ricava. Non si sa con precisione perché un popolo altrimenti accogliente sottoponga a questo trattamento i propri ospiti. Certo è che gli abitanti della Città da questi esercizi di sadismo traggono una sorta di dolente divertimento.

Rispetto a stigghiola, musso e frittola, il pane con milza rappresenta l'evoluzione della specie alimentare, l'anello di congiunzione che conduce al pane e panelle. Nelle rosticcerie la milza viene cotta nello strutto e tenuta in caldo all'interno di un pentolone che in realtà contiene soprattutto frammenti di polmone. Le focacce con milza si dividono in schiette e maritate, queste ultime associate a formaggio grattugiato e ricotta. Recente è la facoltativa aggiunta di limone. Soprattutto in questo caso, per meglio essere serviti, conviene conoscere o farsi riconoscere dal rosticciere, in modo che egli possa estrapolare dal pentolone i pezzi che si presumono più prelibati e meno callosi. Uno spettacolo antropologicamente interessante si svolge alla rosticceria di Porta Carbone nelle prime ore del mattino, quando si crea un piccolo ingorgo di auto e soprattutto camion. Un rituale prevede che prima di partire per il suo viaggio quotidiano il camionista consumi un panino con la milza. Vista l'ora, si tratta di una prova di coraggio fra lo scaramantico e il virilistico.

Per quanto invece riguarda le *panelle*, che sono frittelle di farina di ceci, si registra un fenomeno simile a quello già osservato con la tazzina di caffè rovente: in segno di rispetto il rivenditore friggerà le panelle *ad personam*, col risultato che il panino risulterà inavvicinabile alle labbra per un periodo di quindici minuti circa. Se e quando succederà a te dovrai essere felice di questa sofferenza, considerato che l'alternativa è il panino confezionato con le panelle già pronte e fredde, normalmente usate solo per esposizione. Un trattamento considerato dispregiativo e riservato solo a turisti sprovveduti e paria della società.

In rosticceria si trovano anche altre specialità: *cazzille* – o al maschile: *cazzilli* – ossia crocché di patate, *quaglie* ossia fette di melanzana fritte, broccoli e carciofi in pastella, sarde a beccafico e arancine, che nella Città si chiamano al femminile. La variante maschile, *arancini*, è considerata provinciale e dunque inesistente. Per assaggiare le migliori arancine bisogna allontanarsi dal centro storico e andare in un bar che qualche anno fa venne provvisoriamente chiuso per carenza di condizioni igieniche. Ne seguì un piccolo scandalo nel quale, concorrenti invidiosi a parte, la cittadinanza si schierò senza esitazioni dalla parte del gestore. La tesi prevalente era che se la cucina veramente era sporca significa che la *grascia*, la sporcizia, fa parte degli ingredienti dell'arancina. Chi decide di mangiarne una lo sa, ne è cosciente. Al limite, si potrebbe fare come con le sigarette, e scrivere sul fazzolettino di carta, o sulla confezione: *nuoce gravemente alla salute*.

Alla medesima famiglia di alimenti *soft core* – ma *soft* solo se messi a raffronto con l'*hard core* di stigghiola e similari – appartengono anche due sottofamiglie: lo *sfincione*, che è una sorta di pizza con cipolla, caciocavallo e acciughe, che si vende nei panifici o su carretti vaganti, per il quale valgono le stesse regole igienico-qualitative che valgono per le arancine; e poi i molluschi di mare, i ricci e i polpi, mangiati con frugalità nelle rivendite specializzate, che in anni recenti tendono a sovradimensionarsi fino a diventare trattorie vere e proprie. Attenzione al polpo, che viene servito su larghi piatti, affettato a vista e condito con solo limone: è durissimo e callosissimo. Gli abitanti della Città lo vogliono così, perché ogni mollezza è considerata effeminata. Soffrire bisogna, anche quando ci si abbandona ai piaceri della tavola.

A parte le ostentazioni virilistico-gastronomiche, c'è un alimento che più di ogni altro nella Città è sempre a livelli di eccellenza. Ed è l'esatto opposto delle pietanze barocche sopra descritte: il pane. Sarà una questione di acqua, o di sale, o di chissà cosa. Forse anche di *grascia*. Sta di fatto che il pane della Città è il pane più buono che ci sia. Se pure non vuoi ancora uscire, prova a farti mandare in camera un panino. Uno solo. Chiedi se è possibile avere un rimacinato coi semi di sesamo spolverati sopra. Ti chiederanno:

– Nient'altro?

Ma tu rispondi di no. Accontentati e fidati. Di' che è uno

sfizio che hai voglia di levarti. Un panino ti basterà. Del resto il pane della Città è un pane per poveri, concepito per essere mangiato senza nient'altro che lo accompagni. Il companatico è superfluo. Per questo al ristorante, in attesa di essere serviti, è difficile resistere alla tentazione di riempirsi la pancia di pane.

Resta da dire dei dolci, un genere per cui la Città è famosa. La cassata è il simbolo di questa reputazione. Ma nel suo trionfo di trigliceridi e colori baroccamente assemblati, la cassata rappresenta solo quello che gli abitanti della Città vogliono mostrare di sé. L'equivalente del tradizionale carretto, che è tutto addobbi e pennacchi. A fronte della felice estroversione della cassata classica, semmai, merita di essere considerata la sobrietà quasi monocolore della cassata al forno, nella quale l'involucro esterno di pasta frolla si limita a fare da scrigno al tesoro della ricotta. In realtà, se è possibile rintracciare un carattere comune degli abitanti della Città, esso va ricercato senz'altro nell'introversione della cassata al forno, più che nella estroversione della cassata tradizionale, che è dolce di facciata. Nella pratica quotidiana la cassata è dolce desueto, che si acquista ormai quasi solo per farne dono, per sdebitarsi, per pagare in natura la parcella di un professionista. Lo stesso vale per il buccellato, una variante ostica dello strudel: si regala per Natale, se ne mangia una minima parte e si getta il resto entro l'Epifania. Questo succede perché la pasticceria isolana, quasi tutta di ispirazione araba, è ad alta concentrazione calorica. Potrebbe ben rappresentare un esperimento di cibo per astronauti, per come risponde all'esigenza di contenere il massimo valore nutritivo nella minima quantità possibile. Una fetta di cassata equivale a un pasto completo. E lo stesso vale per cannoli e altre specialità che messe in fila formano una filastrocca di zuccheri assortiti e scanditi a seconda del periodo dell'anno e delle ricorrenze del calendario: gelo di melone, biancomangiare, frutta di martorana, pecorelle di pasta reale, kubbaita, petrafennula, castagne 'a caramella, puma 'ncilippati, pupi di zucchero, mustazzola, cuccìa, minne di vergine, patate, sfinci di san Giuseppe, chiavi di san Pietro, cuori di Gesù, teste di turco, sammartinelli, reginelle e infine l'ultima fantasmagorica invenzione di un pasticcere di via Colonna Rotta: la torta Setteveli, dolce al cioccolato destinato a resistere all'usura del tempo e del gusto.

L'esigenza di leggerezza contemplata dalla vita moderna lascia prevedere l'estinzione o la preservazione museale per molte di queste specialità dolciarie. Una sorte già toccata in tempi abbastanza recenti al Trionfo di Gola, una bomba calorica verde di pistacchio, a confronto della quale la cassata risultava pietanza dietetica. Lo preparavano, da ultimo, le suore del convento delle Vergini, dietro al Teatro Biondo, e solo su ordinazione. Una leggenda metropolitana pretendeva che il latte utilizzato per la ricotta fosse quello prodotto personalmente dalle suore. Adesso del Trionfo di Gola si tramanda la pesantezza e l'elaborazione, ma nel giro di qualche anno anche la memoria sarà perduta.

Nel panorama dolciario un ruolo a se stante meritano i gelati. Fra i caffè-gelateria con uso di tavolini d'estate è bello andare in un certo caffè che si trova al Foro Italico, dove vengono preservate rare specialità come riso e chantilly o scorsonera e cannella, altrove sconosciute. Questo locale è uno dei luoghi più inspiegabilmente affascinanti di una città che è nella sua interezza inspiegabilmente affascinante. È bello andarci ma non si sa perché: di fronte ci sarebbe il mare ma non si riesce a vederlo, i camerieri sono sbrigativi, e dallo stato dei corredi un esperto saprebbe datare lo stato di avanzamento dell'estate: a partire dal quattordici luglio, data del Festino di santa Rosalia, le tovaglie risultano fetenti, ed esiste il sospetto che vengano lavate solo a settembre. È uno di quei vecchi locali dove la mosca nella granita è consustanziale al fascino. La mosca si può sempre levare, e il fascino rimane.

Rispetto alla pasticceria classica, il gelato sarebbe teoricamente più leggero. Ma subito al gelato viene accoppiata la brioche: la brioche col gelato è uno dei maggiori contributi che la Città abbia dato al progresso dell'umanità; ma così, addio leggerezza. Anche qui resta quindi il mistero: perché a una latitudine pressoché africana ha attecchito una pasticceria, e in genere una gastronomia, tanto pesantemente barocca? L'unica spiegazione plausibile è che si tratti di una variante di *cupio dissolvi*. Desiderio di autoannullamento. Forse è nelle pagine del *Gattopardo* che si trova la chiave di questo sentimento. Spiega il Principe a Chevalley: *tutte le manifestazioni (isolane) sono manifestazioni oniriche, anche le più violente: la nostra sensualità è desiderio di oblio, le schioppettate e le coltellate nostre, desiderio di morte; desiderio di immobilità voluttuosa, cioè ancora di morte, la nostra pigrizia, i nostri sorbetti di scorsonera e cannella.*

SETTE:
il mare non bagna la Città

Forse uno dei motivi del tuo esitare in albergo sono le notizie che hai appreso dai giornali sugli standard di qualità della vita. Su questo c'è poco da dire. I numeri sono numeri. Per gli abitanti della Città uno dei momenti peggiori dell'anno arriva quando il *Sole 24 Ore* pubblica la classifica delle città italiane per qualità della vita. Momento di ansia generale perché cambiano le amministrazioni e la Città in questa classifica rimane sempre attorno al centesimo posto. A volte novantanovesima, a volte centounesima, ma da lì non si schioda. Certi anni pare che qualche miglioramento ci sia stato, almeno in alcuni settori. Si creano delle aspettative. E invece ogni volta arriva la stangata: centesimi. Novantanovesimi. Centounesimi.

Alla pubblicazione della classifica fa seguito una settimana di dibattito cittadino, commenti privati e pubbliche dichiarazioni. Da parte del Comune si contestano i parametri, ci si aggrappa agli sporadici segnali in controtendenza, si scarica tutto sull'amministrazione precedente. Ma intanto saranno vent'anni che si fa questa classifica, e la Città dal centesimo posto non si muove se non per impercettibili spostamenti, e mai con decisione verso l'alto, nemmeno quando a un certo punto sembrava che fosse diventata la capitale italiana del nuovo rinascimento.

Di solito il sindaco fa osservare che semmai è il presidente della Provincia a doversi preoccupare, visto che l'indagine è condotta su base provinciale. Ma lì le responsabilità diventano più labili e si perdono nel nulla. Allora i quotidiani riescono sempre a trovare un poeta o artista o comico televisivo disposto a sostenere che lui a Bolzano (per dire la città prima in classifica) non ci vivrebbe manco morto perché fa freddo. Gli abitanti della Città leggono e sorridono sardonici: anche questa annuale umiliazione viene metabolizzata e trasformata in un vergognoso orgoglio. Vaffanculo il *Sole 24 Ore* e la sua classifica. Che vogliono questi milanesi? Che ne capiscono della vita, loro che hanno sempre nebbia e se uno si sente male per strada nessuno si ferma per aiutarlo?

Che poi nessuno si fermi se uno si sente male a Milano, e nella Città invece tutti si fermino, è cosa ancora da dimostrare. Però la componente meteorologica, in effetti, non è contemplata fra i parametri adoperati per la compilazione della graduatoria. E questa è una consolazione. Per quanto possa essere un luogo comune, il fatto di poter contare su una prevalenza di giornate di sole aiuta a vincere la depressione di vivere nella centesima città italiana. Persino nelle giornate grigie rimane in ciascuno l'aspettativa di un cambiamento in meglio che tiene aperto il cuore alla speranza. Stamattina piove, più tardi forse no, domani forse sì ma non per tutto il giorno: e questo è sempre meglio di un inverno di cielo scuro e basso, senza varianti e senza aspettative di variabilità. I luoghi comuni sono magari banali, ma certe volte non per questo meno veri. Il *Sole 24 ore* dovrebbe tenerne conto.

Tuttavia il discorso confina pericolosamente con un alibi infondato. Per almeno un paio di secoli i medici di tutta Europa consigliarono ai loro pazienti un viaggio nell'Isola per curare le malattie delle vie respiratorie. Rimedio che spesso risultava peggiore del male. Lo stesso Wagner, venuto qui a svernare, vide il figlio prediletto Siegfried ammalarsi di una febbre perniciosa, e a quel punto smise di credere alle virtù del clima salubre che era venuto a incontrare. E così via: non si contano i facoltosi che viaggiavano per salute, arrivavano nella Città, e qui trovavano il colpo di grazia nelle case mal riscaldate cui non erano abituati. Se troverai il coraggio, caro il mio viaggiatore, vai a fare una visita al cimitero di Santa Maria di Gesù, dove non si contano le lapidi con nomi stranieri. Per ognuno di loro sforzati di immaginare il destino da povero ricco venuto a morire lontano da casa, con i polmoni chiusi e il cuore aperto alla speranza.

I luoghi comuni climatici prendono spesso al sud la forma di una canzone: *Basta che ce sta 'o sole, basta che ce sta 'o mare*; e questo è troppo. Arrivati a questo punto bisogna arginare gli stereotipi. 'O Sole, e va bene. Ma 'O Mare? Chi l'ha visto mai, il mare nella Città?

Se solo tu fossi un viaggiatore più intraprendente dovresti provare a percorrere tutta la costa, da sudest a nordovest, da Settecannoli fino a Sferracavallo, se ci riesci. Prova, se ci riesci, a tenerti con l'automobile più vicino possibile al mare, fermandoti ogni volta che puoi vederlo o ti pare sia raggiungibile. Già alla partenza non vedresti altro che un continuum di muri e staccionate. Ad Acqua dei Corsari finalmente il mare si vede; ma sarebbe meglio che non si vedesse per quanto è fetente, e per quanto fetente è la spiaggia.

Poi viene la Bandita, dove ogni tanto il mare appare come una tavolata di schiuma marrone con orlo di sabbia e detriti, più detriti che sabbia. Da almeno cinquant'anni questo tratto di mare è andato in necrosi. Ci sarebbe un progetto di risanamento della costa, ma siccome sta lì dagli anni ottanta, è inutile farci affidamento.

A Romagnolo ci sono i cartelli che segnalano il divieto di balneazione, ma sono ridondanti perché la schiumetta marrone basta da sola a scoraggiare il bagnante. C'è qualche vecchia casa sul mare, ma niente di moderno. Neanche al più sfrontato degli abusivi verrebbe in mente di costruire in riva a un mare del genere.

A Sant'Erasmo comincia una sequenza di muri e cancellate dietro le quali non ci sono case, ma depositi di ferro, piccole aziende che hanno trovato conveniente trovarsi una collocazione in riva al mare. Si vede che costa meno. A Sant'Erasmo c'è pure la foce dell'Oreto, degno fiume di questo mare, e ancora avanti si incontra l'Istituto Padre Messina, che segna l'inizio del Foro Italico, ossia *La Marina*, ossia quello che fu il lungomare della Città: solo che adesso il mare si trova duecento metri più in là, rispetto alla strada. I detriti dei bombardamenti sono stati scaricati proprio lì e il mare si è ritirato di conseguenza. Fino a qualche anno fa su questa lingua di terra avevano piazzato in maniera definitivamente provvisoria pure un luna park e persino una piazzola di marmo bianco con una *équipe* di statue di santi chiamati a fare il miracolo della riqualificazione ambientale. Miracolo fallito e santità poi trasferite al quartiere Zen, per tentare un miracolo forse ancora più complicato.

È su questo terreno che per diverso tempo i giardinieri del Comune e quelli di una impresa privata hanno litigato su quale fosse la tecnica migliore per far crescere il prato all'inglese, senza mai arrivare a una soluzione che possa resistere alla salsedine più di sei mesi. Adesso c'è qualche albero, e se uno si concentra bene riesce a scorgere, molto in fondo, una striscia che pare azzurra.

Poi c'è la Cala. La Cala è il vecchio porto, che adesso ospita per metà la nautica da diporto e per metà un disastro ambientale. Sul mare della Cala, che assume una colorazione tendente al bianco liquame e una consistenza oleosa, fioriscono le leggende. Raccontano che agli ami dei pescatori abbocchino da anni solo topi. Per gli armatori di tutto il mondo questo è un perfetto cimitero dove venire ad affondare le imbarcazioni che rottamare sarebbe troppo costoso. Si favoleggia di un popolo di formiche umane che all'arrivo di ogni nuova barca da spolpare si precipitano alla Cala e cominciano la spoliazione. Portano via tutto quel che è possibile asportare, e poi affondano la carcassa. Ogni tanto il relitto rimane a pelo d'acqua rendendo difficile la navigazione, certe volte emerge l'albero maestro, che diventa a sua volta attracco per altre imbarcazioni in disarmo, aspettando che anche per quelle arrivi il momento dell'affondamento.

Proseguendo, dopo la Cala c'è un frontale di palazzi. Quando ci arriverai ricordati di guardare bene i balconi della facciata principale di questi palazzi: sono rivolti verso terra. Dovendo scegliere fra la vista del mare e la vista di altri palazzi, gli architetti che hanno costruito queste case hanno liberamente optato per la seconda soluzione. Già Leonardo Sciascia aveva fatto notare che la Città ha voltato le spalle al mare. Gli abitanti della Città rinunziano a cuor leggero alla tentazione di un panorama azzurro. Il mare si sente e si presuppone, ma non si vede quasi da nessuna parte, né si vuole vederlo. Anche quando si è data una sistemazione provvisoria al Foro Italico, le persone hanno cominciato ad adoperare le panchine di marmo al contrario, per guardare non il mare, come erano state disposte, ma piuttosto la Città, che pure è sempre stata sotto gli occhi di tutti.

Ancora avanti c'è la zona portuale, sulla quale sarebbe ingiusto esprimere un giudizio: in tutte le grandi città il porto è inspiegabilmente l'ultimo posto da dove sia possibile vedere il mare. Conviene tenere sempre la destra, confidando che se c'è la dogana ci deve essere il porto, e il porto necessariamente sul mare deve trovarsi. E però il mare sparisce per diversi chilometri. Si imbocca viale Cristoforo Colombo, quasi subito si incontrano i cantieri navali, che sono una consolazione: non solo rappresentano la maggiore industria della Città – la seconda, figurarsi, è il Teatro Massimo – ma per loro natura devono per forza trovarsi sulla riva del mare. Il mare c'è: bisogna convincersene. Bisogna crederci, e andare avanti: Arenella, Acquasanta, Vergine Maria.

Appare un porticciolo turistico, ma è impossibile avvicinarsi se non si possiede uno dei motoscafi attraccati al molo. Il mare è appena dietro e, come sempre succede, suggerisce pensieri profondi, specialmente quando prende forma di golfo. Se ti trovassi qui, come ogni bravo viaggiatore saresti portato a fermarti e riflettere. Uno dei pensieri più nobili che ti verrebbe in mente di fronte al maestoso spettacolo che ti si para davanti agli occhi è: ma come fanno tutte queste persone ad avere tutti questi soldi per possedere tutte queste barche? Ma non era una città a basso reddito pro capite? La cultura d'impresa non era solo una pallida chimera? E se non imprenditori, allora chi sono tutte queste persone che possono permettersi uno yatch?

Se è per questo, domande del genere dovresti portele in continuazione anche di fronte alle cancellate cieche, oltre le quali si intravedono piccole ville-castello costruite quasi sulla scogliera. Oppure di fronte alla profusione dei negozi di lusso su via Libertà. Se Vuitton decide di aprire una succursale proprio qui, vuol dire che due calcoli sulla clientela potenziale se li sarà fatti. Se alle convention dei venditori Volvo e Bmw di tutta Europa i rappresentanti delle concessionarie della Città vengono accolti con ovazioni di stima, un motivo ci deve essere.

Solo che, rispetto ad altrove, qui chi ha veramente i soldi non ha nessuna voglia di mostrarsi in pubblico. L'ostentazione è limitata al minimo privato. Nella propria cerchia di amici sì, la barca è un lusso da godere pienamente. Ma i veri ricchi se danno una festa stanno bene attenti a non lasciare che una fotografia finisca su qualche giornaletto. Quello che si sforza di apparire è il *demi-monde*. È il *demi-monde* che indossa l'abito scuro e per vanità accetta di farsi vedere mentre sale la scalinata del Teatro Massimo per sottoporsi alla noia mondana di un'opera lirica. I veri ricchi se ne tengono alla larga, così come vorrebbero evitare di apparire nella classifica dei maggiori contribuenti. Altrimenti perché trovare uno sponsor di qualsiasi genere è tanto difficile, nella Città? Perché storicamente la locale squadra di calcio stenterebbe tanto a trovare un presidente, un imprenditore locale disposto a metterci la faccia, oltre che i soldi? Un paio di presidenti in passato hanno fatto una brutta fine forse proprio per la sovraesposizione cui si erano sottoposti. Vivere nascostamente è la prima regola di vita dei veri potenti della Città. E questo per motivi che non riguardano solo il desiderio di sfuggire ai rigori del fisco.

Ma le barche da qualche parte devono pur tenerle, e poi questi pensieri ora non c'entrano. Ora bisogna andare avanti, bisogna riuscire a trovare il mare. Bisogna riuscire a toccarlo, anche se non è facile. Lo spettacolare albergo che si frappone a un certo punto si chiama Villa Igiea. Se fossi ospite qui, il mare potresti vederlo anche solo affacciandoti dal balcone. Non potresti tuttavia immergerti: divieto di balneazione.

Dunque il viaggio deve andare avanti, seguendo la costa per quanto è possibile. Il mare spunta di nuovo un chilometro dopo, all'Arenella, poi scompare e ricompare per brevi cartoline indimenticabili e fugaci. Fino all'Addaura è un susseguirsi di muri e cancellate, cancelli incatenati che si immagina servano a impedire la vista del mare a chi non ne ha il diritto. E tu, viaggiatore, che diritti potresti accampare? Tu che vieni forse da una città senza mare, proprio qui vorresti riuscire a trovarlo?

Avanti, avanti. Gli assaggi di mare che sporadicamente si concedono agli occhi sono poca roba, ormai la passeggiata è diventata un viaggio di venti chilometri, e pochi ancora mancano a quella che fin da principio doveva essere la meta di tanto camminare: Mondello, la borgata marinara più amata dagli abitanti della Città. Resta un ultimo baluardo di Monte Pellegrino da aggirare, un ultimo curvone da superare, un'ultima inferriata da ignorare, e Mondello è lì, che pare la cartolina di se stessa. Prova a immaginartela.

Prova a immaginare il golfo come dovette apparire all'ingegnere milanese Pietro Scaglia, che un giorno del 1902 salì sul Monte Pellegrino, guardò in basso e vedendo quella che era a quel tempo una palude in riva al mare, ebbe l'intuizione di quello che poteva diventare Mondello. Magari l'immaginò con meno insegne e meno ville di quante ce ne siano adesso, ma la cornice e tutto il resto erano uguali. Lasciò allora Milano e si trasferì nell'Isola per seguire la sua intuizione. Presentò un piano di bonifica e lottizzazione di tutta l'area del golfo e aspettò.

Mentre l'ingegnere Pietro Scaglia aspettava, anche un altro concorrente, la Società Italo-Belga, presentò una richiesta di lottizzazione simile alla sua, praticamente uguale. Alla fine vinse la proposta presentata successivamente, quella della Società Italo Belga, e l'ingegnere Pietro Scaglia, che per quel progetto aveva gettato via patrimonio ed esistenza, per il dispiacere si ammazzò. Da qualche parte a Mondello c'è una viuzza che porta il suo nome.

Bonifica e lottizzazione poi si fecero, eccome. A suo tempo c'erano pure un campo di golf e un tram che collegava Mondello alla Città passando attraverso il parco della Favorita. Le case le costruirono a somiglianza di quelle di Ostenda, perché nella fretta di lottizzare avevano deciso di ricalcare il modello di una cittadina belga. Da qui deriva l'aria elegante e incongrua di certe ville che si trovano nella zona residenziale della borgata.

Il nucleo originario era un grappolo di case di pescatori strette attorno alla tonnara. Della tonnara resta solo la torre della piazza, stretta dall'assedio di bar e ristorantini che lavorano soprattutto il sabato, la domenica, in luglio e in agosto, quando gli abitanti della Città si riversano in massa a Mondello trasformandola in un villaggio gastronomico dove si mangia male e a caro prezzo. Anche perché in una città come questa, dove stare all'aperto sarebbe un vantaggio da sfruttare per trecento giorni l'anno, praticamente gli unici caffè con esposizione al sole e vista sul mare si trovano proprio qui, sulla piazza.

È originale il rapporto che gli abitanti della Città intrattengono con Mondello. Si arriva al paradosso di case di villeggiatura costruite a cinque, sei chilometri dagli appartamenti di città. Eppure ogni anno, in giugno, le famiglie fanno solenne trasloco e per tre mesi si trasferiscono qui, dove trovano il sollievo di un soggiorno al mare. Ancora una volta viene fuori la tendenza dissipatoria degli abitanti della Città. Di Mondello prendono solo il peggio, l'affollamento estivo, e lasciano il meglio: autunno, inverno e primavera, quando il caos è altrove, il freddo è solo fresco e il caldo semplice tepore.

Fra giugno e settembre, oltretutto, il mare manco c'è. In questi mesi la spiaggia viene sequestrata dalle cabine balneari, che qui vengono chiamate tribalmente *capanne*. Anche con la propria capanna gli abitanti della Città hanno un rapporto originale. In particolar modo quelli che non possono permettersi la casa di villeggiatura tendono a considerare tale la capanna, e ne fanno il contenitore di ogni genere di conforto. Usando la capanna come punto d'appoggio le famiglie arrivano la mattina presto e si rassegnano a tornare in città solo quando ormai è sera tardi. Dovresti provare a venire qui in luglio. Gli spazi comuni fra le capanne si chiamano cortili a ragion veduta, perché riproducono con esattezza l'habitat del vecchio cortile meridionale e la vita sociale che vi si svolgeva. Fino a quando il sole tramonta – e anche dopo, alla luce delle lampade ad acetilene – nei cortili della spiaggia si gioca a carte, si mangia la pasta al forno e si fa esercizio di conversazione. Questo almeno fino a mezzanotte; poi si mette tutto dentro la capanna – tavoli, sedie, lampade, mobili e soprammobili – e si torna in Città. Ma sapendo che si tratta solo delle poche ore da destinare inevitabilmente al sonno; e l'indomani si torna.

D'inverno Mondello è diversa. Intanto perché da qui si vede il mare, lo si può toccare. E poi perché lo si può toccare senza l'intermediazione delle capanne. A un certo punto hanno persino deciso di togliere, ma solo nel cuore dell'inverno, la cancellata verde che al limitare della spiaggia ostruiva la vista del golfo. Formalmente doveva servire a impedire una *fruizione impropria dell'arenile*, espressione che non si sa cosa voglia dire. La spiaggia è fatta per passeggiarci, e del resto la cancellata era piena di varchi. Dunque? L'unico motivo plausibile per tenerla su era impedire la vista del paesaggio marino. E comunque: a ogni primavera la rimettono di nuovo, e di nuovo addio panorama.

Questa della cancellata di Mondello è una delle migliori metafore del rapporto che esiste fra la Città e il mare. Un rapporto che può essere riassunto con la formula: gli abitanti della Città se ne fregano del mare. Nella convinzione di appartenere alla stirpe degli dei, rinunciano al mare con la stessa arroganza con cui un ricco si accenderebbe il sigaro adoperando una banconota. Solo che gli abitanti della Città non sono per niente ricchi. Anzi, hanno le pezze al culo da molti punti di vista, ma non per questo rinunciano a una loro infondata grandiosità. Il mare ce l'hanno, ma hanno deciso di farne a meno. Lo tralasciano come la mancia al ristorante quando si scappa via chiamati da altri impegni più urgenti, pensieri più importanti. Quali siano questi impegni più urgenti, questi pensieri più importanti, non si è mai capito.

Ma è vero che se ne fregano. Basta guardare le reazioni quando si scopre, e ogni tanto si scopre, che anche a Mondello il mare è tutto un pullulare di streptococchi e stafilococchi. Il Comune ordina il divieto di balneazione e cosa succede fra il popolo delle capanne? Nulla. Le partite a carte sulla battigia vanno avanti, le teglie di pasta al forno continuano a circolare sotto gli ombrelloni, e le docce prendono il posto del bagno di mare. Solo una piccola parte della popolazione trova da ridire. Nella maggior parte dei casi, invece, si preferisce essere superiori a questo genere di contrattempi. Pagare per una cabina sul mare che a un certo punto risulta priva di mare è considerato normale. Lamentarsi sì, sempre. Ma protestare sarebbe fuori luogo; forse un tantino volgare, persino. La Città è disperante, certe volte, ma quasi mai disperata. Fa disperare, ma non dispera mai.

Dietro Monte Gallo, proseguendo lungo la costa, ci sarebbe la fossa del Gallo, che è quasi incontaminata. Ma per transitare in quella che sulla carta dovrebbe essere una riserva naturale c'è da pagare il pedaggio a un privato. La strada che costeggia il litorale è sua, riserva o non riserva. Ancora avanti ci sarebbe Sferracavallo, altra borgata marinara, ma a questo punto avresti ragione a sentirti stanco e demoralizzato, dopo aver scoperto che nella Città, malgrado tutte le rassicurazioni che la cartografia può fornire, il mare non c'è o non si vede o è sporco o è privato.

Posso capirti. Quasi quasi verrebbe da pensare che hai ragione tu a non volerti muovere dall'albergo. Ma non è così. Per ragioni difficili da spiegare, non è così.

OTTO:
le ville, i giardini

L'identico atteggiamento di malriposta superiorità che nutrono per il mare, gli abitanti della Città lo coltivano nei confronti del verde pubblico. Una cosa sono i giardinetti di casa, un bene al quale tutti aspirerebbero; una cosa è una bella terrazza fiorita. Ma i giardini pubblici della Città sono considerati *res nullius* e come tali bistrattati. Le panchine vengono divelte e portate via per essere utilizzate privatamente. E se sono di marmo periodicamente vengono scassate perché a nessuno venga in mente di sedercisi sopra nell'inutile contemplazione del verde. I sentieri del Giardino Inglese e di molti giardini pubblici sono asfaltati a scanso di storte alle caviglie. Le aiuole sono contingentate. In generale, la fruizione del verde viene considerata una stravaganza romantica, una pulsione da tenere sotto controllo. Altre sono le cose importanti e più urgenti.

Qualche anno fa c'erano i cigni, in uno stagnetto di villa Giulia. Un giorno sparirono. Ci fu un'indagine per scoprire che fine avessero fatto i due cigni, ma non si arrivò a nessuna conclusione. Allora ne rimisero un'altra coppia, e dopo tre giorni sparirono anche quelli. E ancora e ancora. Diventò una specie di giallo cittadino: chi rapiva i cigni di villa Giulia? I custodi della villa alla quarta volta organizzarono delle ronde notturne per tenere sott'occhio lo stagnetto e scoprire chi è che aveva avviato questo traffico di cigni rubati e rivenduti chissà dove. Rimasero appostati fin quando riuscirono a beccarli. Colpevoli erano i componenti di un nucleo familiare di indigenti del quartiere, i quali si difesero rivelando che non avevano razziato i cigni per venderseli, ma per mangiarseli. E questo è un bell'esempio dello sfruttamento privatistico cui, per ragioni di forza maggiore, viene sottoposta la sfera pubblica.

Nel repertorio del verde cittadino poi ci sarebbe parco d'Orleans, le cui modalità di apertura sono spesso oggetto di variazioni. Chissà se quando verrà il momento avrai la fortuna di trovarlo aperto. È un bel giardino, ben tenuto, con voliere piene di uccelli di ogni genere.

Ci sarebbe il Giardino Botanico, di cui gli abitanti della Città dicono sempre: il più grande d'Europa; e chissà se è vero. Di sicuro c'è che per entrare bisogna pagare un prezzo minimo, e questo fa sì che, a parte qualche rara scolaresca, lungo i viali non si incontri mai nessuno. Posto ideale per meditazioni solitarie.

Ci sarebbe il parco di villa Malfitano, sede di una fondazione che ne preserva l'integrità tenendolo aperto con parsimonia.

Ci sarebbe la rarità mastodontica del grande ficus di villa Garibaldi, a piazza Marina, di cui gli abitanti della Città dicono sempre: il più grande d'Europa; di sicuro nella stessa Città, al Giardino Botanico, ce ne è uno più grande.

Ma a volerla mettere sul piano della quantità, soprattutto ci sarebbe il parco della Favorita. Era una riserva di caccia dei Borboni. Quando la famiglia reale veniva nell'Isola – se costretta da invasioni napoleoniche o rivolte popolari a Napoli

– si rifugiava talvolta nella palazzina cinese, una stravagante costruzione che si trova in perpetuo restauro ai margini del parco.

Non molte città possono vantare uno spazio verde come la Favorita incastonato nel pieno della zona residenziale. Un parco che grazie alla sua estensione consente alla Città di respirare ed è fattore di salvezza nelle statistiche del verde pro capite. Così è la Favorita: aiuta a respirare ma risulta quasi invisibile, perché nei confronti del loro parco gli abitanti della Città sono distratti. Ci passano e se ne dimenticano. Sono tanto sbadati che, facendo conto sulla loro sbadataggine, qualcuno nel corso degli anni ha trovato modo di recintarsi e annettersi delle porzioni di verde demaniale impiantandoci su una serie di agrumeti privati. Ogni dieci anni gli abusivi della Favorita vengono denunciati, ma poi gli agrumeti privati rimangono lì perché della Favorita normalmente gli abitanti della Città si ricordano solo il lunedì di Pasqua, quando ci vanno a fare una simulazione di villeggiatura. In quest'occasione si portano dietro molto più di una colazione al sacco, fanno molto più di un picnic. Traslocano fra i viali del parco tutta la loro cucina e la sala da pranzo e le camere da letto. Fissano idealmente il gabinetto dietro un cespuglio, dopodiché si installano e rimangono fino a sera.

Anche le domeniche, quando il tempo libero lascerebbe dei margini di disponibilità alla contemplazione della natura, dalla Favorita si passa più di quanto si resti. La strada che porta verso Mondello attraversa questo fenomeno verde, nel quale però la sosta non è consigliabile nemmeno nei giorni festivi. Per non parlare dei restanti sei giorni della settimana, quando la Favorita è una terra disputata alle automobili da una fauna umana compresa fra atleti corridori e prostitute, con diverse figure intermedie di difficile classificazione. Una popolazione infrattata che assimila la Favorita a una foresta fiabesca, gremita di fate puttanesche e orchi da far paura a grandi e piccini.

Qualche anno fa un signore ci andò a morire. Lo trovarono incatenato a un albero; e un altro signore che si trovava a passare gli rubò il portafogli. Lo arrestarono con l'accusa di omicidio, ma lui poté dimostrare di essere colpevole solo di furto. Dopo aver scoperto il cadavere supponeva di meritarsi un piccolo premio. In un contesto del genere chi si ferma è sospetto, prima che perduto. Per questo dalla Favorita si sfreccia in automobile, ma non ci si ferma mai.

Un'altra cosa che gli abitanti della Città fanno alla Favorita è abbandonarci i cani. Forse succede perché all'interno del parco c'è il canile municipale, e sperano che lì il loro cucciolo venga adottato. Oppure è solo perché immaginano che un bel parco così pieno di verde dev'essere un bel posto per essere abbandonati, visto che se non altro qualcosa da mangiare si riesce sempre a trovare. Il risultato è che alla popolazione già inquietante della Favorita periodicamente si aggiungono dei branchi di cani inselvatichiti e affamati. Questi cani col passare del tempo si fanno sempre più tracotanti, ed è successo che abbiano inseguito e azzannato un podista. Se non ci si sta attenti, se non si provvede, poco a poco i cani tendono a diventare i veri padroni dei viali della Favorita. E siccome c'è questa teoria ricorrente, che le cose nella Città succedano un po' prima e in una maniera un po' più crudele che altrove, esiste la possibilità di trovarsi oggi di fronte a una rivolta dei cani. Forse, potrebbero arrivare a pensare gli apocalittici, da qui sta partendo una grande rivoluzione mondiale. Forse, dopo il periodo delle creature umane, sono i cani a essere destinati a diventare razza padrona sul pianeta terra. Forse presto i cani prenderanno il posto degli uomini, come gli uomini a suo tempo hanno preso il posto dei dinosauri. Magari l'uomo sopravviverà ancora per chissà quanto tempo, ma la sua civiltà è destinata a cedere il passo. Naturalmente questa tesi al momento è solo azzardata, e bisogna che tu non ne tenga conto per alimentare le paure che in questo momento già ti bloccano. Ci mancherebbe. Però come andrà a finire ancora non si può dire, perché la storia sta andando avanti e ci sono cani dappertutto e tendono a prendere possesso degli spazi verdi, confidando sul fatto che siano terra di nessuno.

Terra di nessuno, massa gigantesca eppure anch'essa invisibile e dunque ennesima prova della miopia collettiva cittadina, è pure la montagna che sorge praticamente al centro della Città. Non si può non vederla, eppure non si vede. O se si vede, non se ne tiene conto, anche perché le due strade d'accesso vengono periodicamente chiuse al traffico per caduta massi. Monte Pellegrino è la caratteristica orografica più eclatante della conca d'oro. Eppure gli abitanti della città riescono a magnificarne il profilo citando sempre e solo la stessa frase di Goethe che, arrivando via mare lo definì *il più bel promontorio del mondo*. Due secoli dopo, quando un soprassalto d'orgoglio afferra l'animo poetico di noi che viviamo alle sue pendici, questo sappiamo solo inventarci: *il più bel promontorio del mondo.*

In cima a Monte Pellegrino c'è il santuario della santa patrona della Città, Rosalia Sinibaldi, per onorare la quale un solo giorno pare poco: il quattro settembre, data onomastica, si svolge il pellegrinaggio al santuario, mentre in luglio si svolgono i cinque giorni di festeggiamenti del cosiddetto Festino. Quando il Viceré Caracciolo nel suo inconsulto illuminismo provò, per ridurre le spese, a tagliare due dei cinque giorni del Festino, per poco non scoppiò una nuova rivolta dei Vespri; e ancora una volta per futili motivi.

Tradizione è che il Festino si concluda con solenne processione e fuochi d'artificio. Molti turisti vengono apposta da tutto il mondo per assistervi, sebbene esista un piccolo numero di residenti, viceversa, che programmano le proprie vacanze per essere ben certi di trovarsi in quei giorni da tutt'altra parte. A prescindere da ogni altra valutazione politica è tutto in quella notte che l'amministrazione comunale si gioca il proprio futuro. Se l'opinione pubblica giudica scadenti i fuochi d'artificio, il destino del sindaco è segnato.

Rosalia Sinibaldi si guadagnò la carica di patrona della Città scalzando un quartetto di altre sante – Agata, Cristina, Ninfa e Oliva – che pur consorziandosi non erano riuscite a debellare un'accanita pestilenza. Bastò invece trovare sul Monte Pellegrino i resti della nuova santa, portarli in processione, e la Città fu salva. In anni recenti a Rosalia è stato accostato una sorta di vice, san Benedetto il Moro, che potrebbe ben rappresentare l'anima multiculturale della città. Ma al di là delle intenzioni dirigistiche, san Benedetto non è ancora riuscito a entrare nel cuore dei devoti. Non certo al punto da competere con santa Rosalia. Scoppi prima una pestilenza, la faccia lui cessare, e dopo se ne parlerà.

La grotta di santa Rosalia si trova in cima a Monte Pellegrino incastonata in un santuario, tutta illuminata di candele votive, molto suggestiva. C'è questa teca con dentro la statua della santa. Rosalia sta semisdraiata, con una mano e il gomito sotto a reggere la testa. Per terra attorno a lei ci sono sparse molte monete e banconote. Anzi, moltissime, che nemmeno si vede il pavimento. Ci sono pure accendini, anelli, orologi d'oro che qualcuno ha lasciato nell'impeto della venerazione. Alle pareti della grotta sono appesi gli ex voto: nasi, mammelle, piedi d'argento, a seconda della parte miracolata.

Tanto mistica è l'atmosfera, che appena riescono ad abituarsi alla penombra, gli occhi non possono che salire al cielo, dove la parte superiore della grotta è quasi interamente coperta da un reticolo di grondaie grandi e piccole che sono d'alluminio e paiono anch'esse d'argento. Servono a dirottare i goccioloni di umidità dove possono fare meno danno, lontano dalle teste dei visitatori. L'acqua però viene anche ritenuta miracolosa e dunque raccolta e fatta oggetto di devozionale riciclaggio.

Monte Pellegrino e la Favorita sono due delle occasioni che la Città non vuole né sa cogliere. Poi ci sono quel genere di occasioni che la Città sembra sul punto di cogliere, oppure sembra a un certo punto aver colto, e poi invece decide di non cogliere più. Una di queste occasioni è villa Trabia, per dire di un altro parco potenziale nel cuore della città che allo stesso tempo c'è e non c'è. Talmente evidente da risultare invisibile. Un parco che ha alle spalle una storia a suo modo significativa.

Dicono che villa Trabia venne salvata dalla lottizzazione con uno stratagemma. Il Principe che l'abitava un giorno venne a sapere che il parco doveva essere sacrificato per placare una delle periodiche avanzate edilizie della Città. Secondo il nuovo piano regolatore, proprio in mezzo doveva passare il prolungamento di via Santorre di Santarosa, e questo bastava a evocare l'orribile parola: esproprio. Allora il Principe fece mettere esattamente nel punto in cui doveva passare la nuova strada una colonna di marmo e, in cima alla colonna, una piccola statua. Poi andò da un suo amico della sovrintendenza ai monumenti il quale nel giro di una settimana mise la statua sotto tutela come bene artistico inestimabile. Fu così che la strada venne fermata fuori del parco e la villa fu salva.

Questa, che potrebbe essere una storia vera, è probabilmente una leggenda metropolitana. Ma come per le altre storie del genere che ruotano attorno a villa Trabia, nel materiale di cui è impastata c'è del vero. Una cosa vera è naturalmente la villa, cioè la *casena* del settecento e gli oltre cinquantatremila metri quadrati di parco con statue e fontane di Ignazio Marabitti, il tutto incastrato miracolosamente nel mezzo della canagliesca edilizia degli anni cinquanta e sessanta. C'era veramente una statua che rubarono negli anni ottanta buttando giù la colonna che la reggeva. Ora è rimasto solo il basamento. Statua o no, la strada la fecero passare comunque un poco più in là, negli anni settanta. Ora si chiama via Piersanti Mattarella e divide in due il parco lasciando il solo cordone ombelicale di un ponte di pietra.

Non si capisce nemmeno chi possa essere il Principe antispeculazione della leggenda: per gli ultimi due della dinastia, Raimondo e Galvano, non coincidono i tempi e nemmeno gli intenti, visto che a un certo punto avrebbero volentieri venduto qualche pezzo di parco per coprire le voragini del loro naufragio economico. Non poterono, e meglio così.

Don Raimondo e Don Galvano Lanza di Trabia non erano veramente principi. Nacquero da Giuseppe Principe di Trabia e da una signora altrimenti sposata. I piccoli Galvano e Raimondo vennero cresciuti dalla nonna, che un giorno, non resistendo all'idea che i piccoli crescessero privi di titolo nobiliare, andò a inginocchiarsi ai piedi di Mussolini chiedendo un'intercessione di genere araldico. Mussolini allora convinse il re a promulgare una legge che durò solo ventiquattro ore, uno spiraglio aperto e subito richiuso dal quale riuscirono a passare solo una prole del Conte Volpi e i due ragazzi Lanza, che da allora non furono proprio *Lanza Principi di Trabia* ma, attenzione alla differenza, *principi Lanza di Trabia*. Pare niente e invece è tutto, se a certi dettagli uno ci crede.

Insomma, i due principini crebbero e brillarono mantenendosi allo stesso tempo dentro e fuori dall'ambiente dell'aristocrazia che visse a cavallo dell'ultimo conflitto. Raimondo una volta finì su una copertina della *Domenica del Corriere* per un duello sostenuto in pieno centro cittadino, quando ormai i duelli erano una bizzarria d'altri tempi. Poi andò in Spagna in missione spionistica per conto di Galeazzo Ciano. O forse ci andò mandato dagli americani. Insomma: andò a vedere che succedeva in Spagna, combatté da una delle due parti e alla fine ebbe anche una medaglia. Di sicuro c'è che quando gli Alleati arrivarono nella Città, Charles Poletti si installò col suo quartier generale proprio a villa Trabia. A quanto pare il Principe Raimondo ci teneva ad averlo ospite, prima che quello potesse dichiararsi occupante.

Tutte le fonti sono d'accordo nell'attribuire ai due ultimi Principi una naturale predisposizione alla gioia di vivere, ideale al quale consacrarono l'intera loro esistenza. Raimondo, il più guascone, oltre a pilotare gli aerei correva in automobile, giocava alle carte e si divertiva a scandalizzare i membri più compassati della sua casta farcendo la conversazione di maleparole. A un certo punto si sbizzarrì facendo per un anno il presidente della squadra di calcio della Città. Dicono che gestisse il mercato dei calciatori direttamente dalla vasca da bagno, immerso nella quale riceveva gli emissari delle altre squadre.

Ma soprattutto, Raimondo amava le donne. Dicono che fra le sue amanti ci furono Rita Hayworth ed Evita Peron. Sposò l'attrice Olga Villi, che aveva fama di potersi reggere sulle più belle gambe d'Italia. Da lei ebbe due figlie e pare che un giorno, da uno dei suoi viaggi, le mandò un telegramma di quattro parole: Finalmente Posseduta Meravigliosa Indiana.

Anche Galvano era un cultore della materia amorosa, ma per lui un matrimonio arrivò, stando a quanto si racconta, solo poco prima di morire. Se mai avvenne, fu un matrimonio segreto e durò pochi giorni perché una coalizione di amici lo convinse a tornare sui suoi passi. La signora, che già si era lasciata alle spalle un paio di altri mariti, si accontentò di un accordo onorevole, e la cosa finì lì.

A villa Trabia vennero ricevuti, in tempi che nella memoria si sovrappongono, Tazio Nuvolari, Joan Fontaine, Clark Gable, Edda Ciano, Aristotele Onassis e la regina Elena. Fra quelli che dormirono a villa Trabia c'è pure Erroll Flynn, venuto da oltreoceano per girare all'Arenella un film di cappa e spada: *Il pirata gentiluomo*. E questa che sembra una leggenda, a quanto pare invece è vera: Erroll Flynn all'Arenella.

C'è poi la storia di quando, nel dopoguerra, un Principe di Paternò, che viveva pure lui nella villa, saltò dal balcone del primo piano per via di certi fantasmi che credeva di aver visto nella sua camera. Secondo l'opinione concorde della servitù era, oltre che ubriaco, pure uno *scantulino* vale a dire fifone. Comunque, saltando non si fece niente.

Da un balcone saltò pure, un giorno, Raimondo Lanza di Trabia, che invece morì. Era un piano alto dell'hotel Eden di Roma. Saltò così com'era, completamente nudo. La leggenda dice che aveva da poco scoperto che la bella vita fatta fino a quel momento non se la poteva più permettere. Dicono che la scoperta di essere diventato povero la fece andando a ritirare da un artigiano certe porcellane che aveva portato a restaurare. Al momento di pagare, l'artigiano si rifiutò di soprassedere ancora una volta sulla grossa somma che Don Raimondo ormai gli doveva. Lui se ne andò in silenzio, lasciando in pegno lì le porcellane e tutto l'orgoglio di cui era stato capace fino ad allora. Le terre avevano smesso da tempo di essere remunerative, e così pure la grande tonnara di Trabia e le solfare di Pasquasìa. O almeno: avevano smesso di essere remunerative per la loro famiglia, visto che quelle stesse terre e quelle stesse solfare hanno continuato in seguito a fruttare ancora, a qualcun'altro. Dopo la morte di Don Raimondo, Domenico Modugno scrisse in sua memoria una canzone che diventò famosa: *L'uomo in frac*.

Rimase Don Galvano, e rimase povero, ma di una splendida povertà, che si alimentava grazie all'abbrivio della vita di sprechi precedente. Negli anni della sopravvivenza, trascorsa soprattutto a Roma, quando tornava era ospite non pagante di una stanza offerta dal nobiliare Circolo dell'Unione, che aveva affittato la casena di villa Trabia e le immediate pertinenze da una banca, subentrata nella proprietà per via di un debito mai onorato. Quando morì doveva dei soldi al benzinaio e al tabaccaio, debiti contratti negli ultimi tempi, quando anche d'estate usciva di casa fregandosi le mani per un freddo che sentiva solo lui. In compenso al suo funerale venne molta gente ricca e famosa. Ricordano i camerieri di aver visto un finestrino d'automobile che si abbassava, una mano che porgeva una mancia da cinquantamila, ed era l'avvocato Agnelli.

In tempi più recenti villa Trabia è stata oggetto di un contenzioso pluriennale. Venne comprata dal Comune che duellò per sfrattare il Circolo fino a quando un'ulteriore resistenza da parte degli affittuari non sarebbe più stata conforme alla decenza aristocratica. Nella Casena venne installato l'assessorato alla Cultura. Da qui vengono pilotate le politiche culturali cittadine. La stessa villa ha ospitato mostre ed eventi spettacolari. Il parco è liberamente visitabile, salvo le severe restrizioni previste, che riguardano persino i tricicli dei bambini.

Oggi il parco mantiene centotrentaquattro delle duemilasettecentonovantasei specie botaniche catalogate alla fine dell'ottocento nel fondo delle Terre Rosse, come veniva chiamato. Duecentoottantasei erano allora i tipi di orchidea coltivati nella serra del Principe e trenta i giardinieri impiegati a mantenere la tenuta come una specie di secondo Giardino Botanico, con gazzelle e faraone che razzolavano nel loro recinto e cinque giganteschi ficus a fare da scenografia.

Ma questa storia o leggenda va a finire tutto sommato bene: i principi muoiono, sì, ma la villa si salva e le famiglie – per quanto borghesi – oggi possono andarci a passeggiare.

Basta o non basta questa storia a lieto fine per vincere i tuoi timori di viaggiatore asserragliato? Bada che il tempo passa. Sforzati di credere che fuori ci sia una città piena di sorprese anche positive, ricca di piccole storie che contribuiscono a formare una grande storia.

NOVE:
pratiche di autoesotismo

Quando parlano del proprio passato gli abitanti della Città tendono a fare un po' di *spuma*, come si dice. A pavoneggiarsi un po'. Anche qui, così come a Napoli e forse in tutte le città del meridione d'Italia, si racconta la storia del tassista che litiga con un cliente del nord. Chiamiamolo milanese per amore di semplificazioni. Il milanese crede di essere stato imbrogliato, e non è escluso che abbia ragione. Per questo scatena sul tassista una tempesta di invettive che inizia con la premessa che sempre fanno i veri razzisti:

– Io non sono razzista ma...

Segue la sequenza di ben note invettive:

– Noi lavoriamo e voi pensate solo a rubare, siete dei sottosviluppati...

Eccetera, eccetera. Dopo aver dato fondo al proprio repertorio di rivendicazioni, il cliente finalmente tace per riprendere fiato. Ed è solo allora che arriva la replica del tassista:

– Quando voi vivevate nelle caverne, noi già eravamo froci.

Seppure di leggenda metropolitana si tratta, in questa frase c'è tutto l'orgoglio che agli abitanti della Città deriva dalla convinzione di essere, sì, decaduti, ma dopo essere stati decadenti e, prima ancora, padroni del mondo. In generale ciascuno tende a immaginare che felice sia stato il tempo della propria infanzia. Questo succede anche per le comunità. Gli abitanti della Città hanno affinato il loro vergognoso orgoglio al punto da attribuirsi una ascendenza nobiliare imprecisata. Una nostalgia che si può definire *autoesotica*: per metà masturbatoria e per metà propensa a offrire un'immagine eccentrica di sé. In queste sue pratiche autoesotiche la Città si compiace di se stessa in quanto originale, contraddittoria e pittoresca, per quanto ormai decaduta dal trono che aveva saputo costruirsi. *Credono di essere dei*, scriveva Tomasi di Lampedusa. E se non è così, poco ci manca.

Quale sia questo tempo felice in cui la Città era padrona del mondo è difficile da stabilirsi su basi propriamente storiche. C'è chi lo colloca fra la fine dell'ottocento e i primi del novecento, quando lo Zar e il Kaiser venivano a far visita ai Florio lasciando le navi imperiali alla fonda davanti Villa Igiea. Altri invece coltivano la memoria di Federico Secondo, più o meno ritenendo che a lui possa ascriversi l'ultima speranza sfumata di uno Stato laico e moderno. Che poi alla sensibilità anche poetica del sovrano fosse accoppiata una certa bruschezza sanguinaria, rimane un discorso a parte, che agli abitanti della Città neppure dispiace. Qui attrae la figura carismatica, l'uomo che sa farsi valere con ogni mezzo. E se sono mezzi illegali, pazienza: purché non si faccia beccare, altrimenti che uomo è?

Ma al di là della fanfaronaggine cittadina, c'è stato un momento in cui la Città ha avuto sul serio un soprassalto di fulgore. Un momento che si colloca durante la dominazione araba. Più o meno consapevolmente araba è la nostalgia degli abitanti della Città per il proprio passato. L'identità araba viene ostentata quasi con protervia, come quella mafiosa. Così è, se ci pare.

Quando ti deciderai una buona volta a uscire dalla tua camera scoprirai che, tuttavia, del periodo arabo non è rimasta nessuna testimonianza architettonica. La prima cosa che fecero i re normanni dopo aver conquistato la Città fu radere al suolo le moschee e gli edifici precedenti alla loro conquista; una vera e propria cancellazione del passato. È per questo che di arabo in senso stretto oggi si trova abbastanza poco.

Anche se poi i re normanni, messa da parte l'arroganza dei vincitori, ci pensarono su e capirono che dagli arabi avevano parecchio da imparare. È un merito che ai nuovi padroni della Città bisogna riconoscere: messi a contatto con una cultura diametralmente opposta alla loro, quasi subito si resero conto che la vita spartana che avevano condotto fino ad allora era troppo faticosa. Combattere e vincere le guerre va bene, e poi? Per che cosa? C'è un modo di dire che serve a scoraggiare chi lavora troppo e troppo poco riesce ad approfittare dei propri guadagni: vuoi forse diventare il più ricco del cimitero? Insomma, bisognava ammetterlo: gli arabi sapevano godersela meglio.

Per questo motivo i vari Ruggeri e Guglielmi si guardarono bene dal cacciare le intelligenze arabe, e anzi aprirono le loro corti a poeti, scienziati e funzionari, tutti depositari di una cultura estranea ma molto attraente. Del resto la Città a quel tempo non era affatto male, rispetto al resto d'Europa. Tanto per fare un esempio, mentre ancora nella Firenze del Dolce Stil Novo la stragrande maggioranza della popolazione faceva i conti con la scabbia, qui l'antipatica affezione era molto meno diffusa. Merito della possibilità di lavarsi, della frequenza dell'acqua, che arrivava grazie all'arte delle condutture di cui gli arabi erano maestri.

Oltre che tenersi cari i loro acquedotti, dagli architetti arabi i re normanni si fecero costruire innanzi tutto i cosiddetti *Sollazzi*, piccoli castelli fuori porta dove i sovrani potevano distrarsi dalle cure di governo e, appunto, *sollazzarsi* con le rispettive favorite. Se ne possono visitare ancora alcuni, ormai del tutto incorporati nell'edilizia cittadina. Il meglio conservato è quello della Zisa – La Splendida – fatto costruire da Guglielmo Primo ricalcando perfettamente i modelli arabi.

Stessa funzione aveva il castello della Cuba, costruito da Guglielmo Secondo con l'idea di destinarlo al culto del tempo libero. Oggi si annida quasi insospettabile, fra i palazzi di corso Calatafimi, e bisogna sforzarsi per riuscire a immaginare il parco al centro del quale il castello era collocato. Qui Boccaccio ambientò la novella sesta della quinta giornata del *Decamerone*.

Non distanti si trovano anche altri due piccoli edifici di epoca normanna e ispirazione araba: la Cuba Soprana e Cubula, camuffati nella settecentesca villa Napoli.

Corso Calatafimi è la direttrice di un ideale itinerario arabo-normanno. Bisogna percorrerlo pure per raggiungere il duomo di Monreale, dove i due Guglielmi scelsero di farsi seppellire. Da viaggiatore informato avrai sentito molto parlare dei mosaici del duomo, e dovrebbe bastare questa curiosità a stanarti. Se mai troverai il coraggio di uscire almeno per un paio d'ore è lì che dovresti andare, al duomo e al chiostro. È lì che si trova il migliore esempio del cosmopolitismo della Città intorno all'anno millecento: un polo multiculturale dove artisti arabi, normanni e bizantini lavoravano a stretto contatto e con grande capacità di sintesi stilistica. Nel chiostro c'è una fontana angolare con un palmizio stilizzato che è arabo al cento per cento, malgrado si trovi in un contesto benedettino. Per descrivere il duomo solo il pudore impedisce di adoperare altri superlativi: andrai e vedrai con i tuoi occhi.

È opinione diffusa che sia grazie al radicamento di questa tradizione di convivenza che non si ricordano nella Città manifestazioni eclatanti di razzismo. Solo di tanto in tanto la polizia se la prende con i posteggiatori abusivi o con le prostitute di colore senza che la popolazione intervenga. Nel caso di parcheggiatore indigeno o di prostituta locale non mancherebbero le insurrezioni di quartiere. Per gli stranieri no, nessuno si muove. Ma è indifferenza, non ostilità. Ed è l'unico sintomo. Per il resto, non si tratta di tollerare chi è diverso, qui si convive senza tante storie. Senza teorizzazioni e senza affettazioni di fratellanza. Almeno fino a oggi: anche a questo proposito sulle facce dei ventenni si può leggere un'infelice predisposizione. Domani qualcuno di loro potrebbe scoprire che dare fuoco a un senzatetto o affogare un marocchino è un sistema *trendy* di dare una svolta a un sabato sera qualsiasi. Le cose cambiano, e sul futuro della convivenza non c'è mai da giurare.

Intanto però l'aria che si respira è talmente arabeggiante che stenteresti a credere che non esistano monumenti arabi in senso stretto. Hai visto molte illustrazioni e specialmente le cupolette rosse di molte chiese parlano chiaro. Ma a parte il fatto che sono rosse solo per via di un capriccioso restauro, è pure un errore di prospettiva storica dovuto al fatto che i normanni si fecero costruire dai musulmani anche le chiese. Di epoca normanna, arabe eppure cristianissime sono le chiese della Magione, dei Vespri, San Giovanni dei Lebbrosi, San Giovanni degli Eremiti, Santa Maria dell'Ammiraglio e San Cataldo. Le cupolette sono fuorvianti, erano solo un vezzo che ai nuovi signori non dispiaceva.

Malgrado la scarsità di sopravvivenze architettoniche, per

capire quanto profonda sia stata l'influenza islamica nella Città bisogna visitare la Kalsa, una zona che almeno in apparenza presenta meno testimonianze di epoca arabo-normanna. Tuttavia, mai come in questo caso, non è la visita ai singoli monumenti del quartiere ciò che conta. Conta camminarci dentro.

La Kalsa era in origine la cittadella fortificata dove gli emiri, nel 937, fissarono la loro corte, sulle rive di un torrente che non esiste più e si chiamava Kemonia. Il nome stesso del quartiere è arabo: *Al Halisa*, l'Eletta. Ancora oggi i suoi abitanti parlano una variante dialettale farcita di fonemi a sé stanti. È rimasta, per esempio, l'aspirata iniziale nel nome. Dicono: *la Hausa*. E naturalmente vanno orgogliosi della loro appartenenza e della storia che hanno alle spalle. Anche quando la storia che si ritrovano è una storia tremenda.

A spazzare via il quartiere della Kalsa vennero gli aerei alleati il 9 maggio del '43. Vennero coi bombardieri per distruggere il vecchio porto e, già che c'erano, pure la zona retrostante. Ci sono delle fotografie dei giorni successivi in cui la Kalsa praticamente non esiste. Quel che si vede nelle foto sono macerie e macerie. Macerie ovunque. Ma oltre a danni e morti, moltissimi danni e moltissimi morti, il grande bombardamento si portò dietro un disastro cui ancora oggi si stenta a porre rimedio. La Città scoprì in quell'occasione di avere seri problemi con la cicatrizzazione e, prima ancora, con la coagulazione del sangue. Dal '43 a oggi il sangue della Kalsa non si è ancora coagulato, il degrado continua a regnare su quasi tutto il quartiere, malgrado i diversi e volenterosi interventi di recupero. Da ciò deriva la romantica impressione che rispetto al resto della Città, la Kalsa sia la parte che più di tutte mantiene puro il suo volto. Come se rovina fosse sinonimo di autenticità. La modernità ha sfiorato i suoi confini – via Lincoln, soprattutto – ma lasciando intatto il cuore, in senso urbanistico e spirituale. Malgrado il risanamento, alla Kalsa galline e cani e uomini condividono lo stesso spazio vitale.

I turisti si aggirano fra palazzi tenuti assieme a forza di impalcature. Stringono al petto le macchine fotografiche che servono a penetrare nelle stamberghe e fermare la memoria di tutto il pittoresco che riescono a stanare, specialmente la povertà. La povertà è fotogenica. E la Kalsa è un quartiere di quelli che eufemisticamente vengono definiti *popolari*. Oppure: *difficili*. Per quanto cinico possa sembrare, buona parte del fascino della Kalsa – e della Città, in generale – sembra consistere nella sua disperazione. La sua migliore risorsa è il disastro.

La Città è alla Kalsa, e alla Kalsa tende sempre a tornare. Alla Kalsa si percepisce con precisione il trascorrere della Storia sotto i piedi. E spesso la Storia che scorre sotto i piedi può far perdere l'equilibrio provocando una caduta rovinosa. Per molti versi la Kalsa è una metafora della Città nel suo complesso. Qui si riconoscono tutte le sue contraddizioni. È una zona ad altissima densità mafiosa. Eppure in questo quartiere sono nati Falcone e Borsellino, che da piccoli hanno giocato a pallone nell'immenso campo costituito da piazza Magione. Alla Kalsa si trova anche lo Spasimo, il simbolo più recente dell'orgoglio cittadino.

La chiesa di Santa Maria dello Spasimo nemmeno compariva sulle guide; la maggior parte degli stessi abitanti della Città ne ignorava l'esistenza o ne aveva sentito parlare come di un luogo leggendario e perduto. Una specie di Atlantide urbana. Adesso che si è smorzato l'entusiasmo con cui fu accolta la riapertura, lo Spasimo è diventato uno scenario ideale per le foto dei matrimoni. Eppure ancora oggi gli abitanti della Città portano i loro ospiti allo Spasimo e si mettono tre passi indietro a godersi la reazione di sbigottimento di fronte al miracolo di una gigantesca chiesa a cielo aperto con due alberi di sommacco cresciuti in mezzo alla navata centrale ma con discrezione, non tanto in mezzo da impedire le rappresentazioni teatrali o musicali. Finito lo sbigottimento iniziale dell'ospite, gli si racconta la storia di una chiesa cinquecentesca che a quanto pare non venne mai completata per il dilagare di un'epidemia di peste. Nel corso della storia lo Spasimo è stato teatro, magazzino, lazzaretto e discarica di rifiuti. Si racconta che anche il quadro che doveva abbellirla ha una storia avventurosa alle spalle. Venne commissionato a Raffaello e rappresentava una salita al Calvario. Ma la nave che lo trasportava fece naufragio sulla rotta verso l'Isola. Il quadro si salvò, dicono miracolosamente, ma visto che la chiesa non venne mai completata, finì per diventare patrimonio della corona spagnola. Oggi è al Prado. In realtà è una leggenda: il quadro finì alla corte di Spagna solo per un eccesso di piaggeria.

L'epopea dello Spasimo fu coronata dalla sua avventurosa riapertura a metà degli anni novanta, con le tonnellate di detriti che vennero portate via a tappe forzate. Fu un classico miracolo all'italiana, a metà strada fra improvvisazione e programmazione, fra volontariato e portento. L'idea era di proseguire nel restauro poco a poco, perché altrimenti chissà se e quando lo Spasimo sarebbe stato mai riaperto.

Ora che i flussi turistici maggiori l'hanno riscoperto, il complesso conventuale dello Spasimo si presenta come un misto di rovina e splendore, esempio del gusto piranesiano per i ruderi rimessi su alla meno peggio che, in attesa di meglio, pare caratteristica dell'intera Città. Anche il Teatro Garibaldi, all'altro capo di piazza Magione, risponde a questo criterio estetico forzato. I restauri procedono come è possibile, quando si trovano un po' di soldi, ma intanto del Garibaldi si è parlato in tutta Europa grazie agli spettacoli della compagnia di Carlo Cecchi, che si è accampata per qualche anno fra i resti di questo teatro semidiroccato.

Caro viaggiatore, ti parlo di tutte queste cose con il cuore piccolo piccolo. Davvero in certi momenti verrebbe da pensare che fai bene a rimanere dove sei. Ma ho il dovere di essere onesto, con te. Fra le cose che comunque non avresti la possibilità di vedere c'è lo Steri e il soffitto ligneo trecentesco della sala dei Baroni, capolavoro inibito all'occhio del turista in quanto oggi il palazzo che fu della famiglia Chiaromonte è sede di rappresentanza dell'università. Dallo Steri, sede dell'Inquisizione, partivano le processioni che spesso si esaurivano in un giro di piazza Marina per concludersi con il rogo del condannato.

In piazza Marina avvenne nel marzo del 1909 pure un'altra esecuzione, quella del poliziotto italoamericano Joe Petrosino, il primo cadavere eccellente caduto sulle strade della Città. All'indomani del delitto, un anonimo scalpellino tracciò una croce sul basamento della cancellata di villa Garibaldi, proprio in corrispondenza del punto in cui era caduto Petrosino. Nelle settimane, nei mesi, negli anni seguenti successe che altri anonimi si presero la briga di incidere altre croci sul basamento della cancellata. Ciò che altrove sarebbe stato un gesto solo stupidamente goliardico, nella Città è diventata una serie di gesti stupidamente goliardici, che sommati l'uno all'altro formano una vera e propria *damnatio memoriae*. È difficile dire quanto di volontario si nasconda dietro questo fatto, difficile stabilire se ci sia un disegno preciso. Ma il risultato è lo stesso: se non ci avessero messo una targa nessuno saprebbe bene dove è stato ucciso Joe Petrosino, e questo rappresenterebbe un esempio in più. Gli eroi muoiono, e per di più nessuno domani si ricorderà di loro.

Molte sono le cose che ti perderesti rinunciando alla Kalsa. C'è la chiesa della Gancia, c'è la chiesa della Magione. C'è Palazzo Ajutamicristo, ci sono le tre chiese di via Torremuzza. C'è Santa Maria della Catena. Alla Kalsa potresti poi fare un giro di notte, in auto o a piedi, nelle parti nobili o nelle più degradate. Fra i ristoranti attorno a villa Garibaldi si trova quella *movida* di cui tanto avrai sentito parlare. Sarebbe mondanità pura e semplice se locali e localini non convivessero accanto ai banchetti di ristoro improvvisati per intercettare i turisti dello Spasimo, ai carretti assordanti dei piazzisti di cd falsi, alle prostitute a caccia di clienti, alle botteghe anacronistiche che si ostinano a vendere *scaccio*, ossia semi e frutta secca.

Lungo via Alloro, fra un cantiere di restauro e un vicolo transennato, si rincorre la litania dei palazzi che già dal nome lasciano indovinare la vanità della loro trascorsa fortuna: Bonagia, Castrofilippo, Monroy della Pandolfina, Naselli D'Aragona, Faso di San Gabriele, Rostagno di San Ferdinando. Ricchezza e nobiltà, virtù e abiezione, giorno e notte, vita e morte: ogni estremo qui si tocca e convive col suo opposto.

Ma forse è proprio questo che ti spaventa e ti blocca. La paura delle tinte forti mescolata alla paura opposta: quella di rimanere affascinato dalle tinte forti.

DIECI:
o la va o la spacca

Questa specie di guida sta per finire e tu sei ancora barricato nella tua cameretta, a tormentarti le mani e guardare dalla finestra, incerto se venire fuori o meno. Se è così, la colpa dev'essere mia, almeno in parte. Probabilmente non sono riuscito a farti venire voglia di verificare coi tuoi occhi se tutti i pregiudizi sulla Città siano fondati o meno. In queste pagine non hai trovato una conferma o una smentita di questi luoghi comuni, ma piuttosto tutta una serie di implicazioni che hanno contribuito a confonderti le idee. Ciò che si chiede a una guida, seppure scombinata come questa, sono delle motivazioni a intraprendere il viaggio. Una guida deve amare il posto che descrive e deve trasmettere questa passione a chi la legge. In questo senso devo fare una serena autocritica. Da queste pagine non si ricava incondizionato amore per la Città. Nemmeno odio, se è per questo. Speriamo non se ne ricavi nemmeno odio-amore, il sentimento certe volte troppo semplicistico che prevale su ogni altro, quando si parla della Città, specialmente dopo esserci vissuto per un po' di tempo. Di solito, chi ci viene per una settimana o un mese ne resta affascinato, e non capisce le obiezioni di chi, invece, è costretto a viverci in pianta stabile. Questa disparità di vedute dipende dal fatto che la Città è come un atleta allenato a fare i cento metri. Sulla breve distanza è in grado di sprigionare la massima potenza. Ma non ha senso chiedere a un centometrista di fare la maratona. Per i suoi ritmi, la maratona è un'impresa impossibile.

Fuor di metafora: i problemi nascono quando si tratta di trovare una scuola per i propri figli, un ospedale per farsi curare, un cimitero per farsi seppellire. Sugli autobus è inutile fare affidamento, ma i taxi funzionano benissimo. Non è pensabile organizzare la propria vita quotidiana basando la propria mobilità sui taxi. In viaggio sì, invece. Dunque venirci per un breve periodo, come nel tuo caso, è la condizione ideale per godersi il meglio e lasciare il peggio a chi poi è costretto a restarci. Prenditi il meglio, prendi un taxi, e lascia perdere il resto.

Forse per scoraggiarti è stata determinante la descrizione della Kalsa. Tanto ti è bastato per provare sulla tua pelle un senso di eccessiva sazietà. Gli umori di questo quartiere possono risultare stordenti, se assorbiti in dosi massicce. La Kalsa è troppa. Meglio staccare, spezzare la visita con qualcosa di più confortante. Per recuperare serenità il contravveleno ideale sarebbe un monumento classico come la Cappella Palatina, meraviglia di mosaico e carpenteria, il cui soffitto a stalattiti, realizzato da maestranze nordafricane, è una di quelle cose che da sole meriterebbero il viaggio. Se il duomo di Monreale è sfarzo e grandiosità, la piccola cappella voluta da Ruggero Secondo è raccoglimento e minuzia. È un tesoro concentrico, custodito all'interno di un altro tesoro, Palazzo dei Normanni, oggi sede dell'assemblea regionale. Qui si consumano le trame della politica isolana, sulla quale persino tu, viaggiatore straniero, avrai assorbito qualche pregiudizio. Non lasciarti distrarre. Cerca di pensare alla Cappella Palatina.

Non distante da Palazzo dei Normanni si trova la cattedrale, spettacolare all'esterno, che è rimaneggiato, ma deludente all'interno, che è rimaneggiatissimo. Qui specialmente i tedeschi si soffermano spesso a lasciare un fiore sulla tomba di Federico Secondo, il sovrano che più di ogni altro incarnò l'indole teutonica temperata dalle gentilezze del contesto arabeggiante. A proposito: sulla prima colonna a sinistra del portico, ad accogliere il visitatore c'è un'iscrizione in arabo. È una *sura* del Corano. Non sono molte le chiese cristiane al mondo che possono vantare al loro interno una citazione del Corano.

Possono servire la minuzia fantasmagorica della Cappella Palatina, la compostezza di Palazzo dei Normanni, l'eleganza contraddittoria della cattedrale a rassicurarti? Forse una colpa di questa specie di guida è aver tralasciato l'encomio di quelli che vengono comunemente considerati *i monumenti*. Forse tu sei uno di quei Viaggiatori che per prima cosa, arrivati in un posto, preferiscono porsi il problema di cosa c'è da vedere. Se di questo si tratta, non è difficile stilare un elenco delle principali attrazioni turistiche che sei destinato a perderti se non cerchi di darti una mossa.

Due di queste si trovano nel museo di Palazzo Abatellis, cioè ancora alla Kalsa. *L'Annunziata* di Antonello da Messina è stata vista e riprodotta molte volte. A vederla dal vero si scopre che è una piccola tavola. Ritrae una Madonna velata di azzurro, il leggio davanti e la mano che taglia l'aria con un gesto che dice lo sbigottimento di Maria per l'annunciazione, ma anche quella del pittore per l'invenzione di una prospettiva inedita. Così come inedito è il punto di vista di chi guarda, lo stesso dell'angelo messaggero.

L'altro capolavoro di Palazzo Abatellis è il *Trionfo della Morte*. Non è per insistere: ma si vede che certi temi in questa città stanno molto a cuore. L'enorme affresco si trovava nell'atrio di Palazzo Sclafani ed è un altro esempio della propensione a dare il benvenuto agli ospiti in forma di *memento mori*. Un'attitudine ricorrente. Quando Palazzo Sclafani venne bombardato l'affresco si salvò, lo staccarono dal muro superstite e dopo il restauro venne portato al museo. Raffigura una morte scheletrica in groppa a un cavallo scheletrico anch'esso, che galoppa in mezzo alla folla. A essere trafitti dai dardi della morte sono giovani, aristocratici e prelati, mentre miglior sorte tocca al gruppo di poveracci scampati che si scorge sulla sinistra. Di quest'affresco non si conosce l'autore. Forse è Pisanello, forse qualcuno della sua bottega, forse un pittore valenziano vissuto attorno alla metà del quattrocento. Il suo volto si trova ritratto assieme a quello di un aiutante in mezzo al gruppo dei salvati.

L'altro grande museo della Città è il Salinas. Qui sono conservate le metope dei templi di Selinunte, che solo in seguito a una serie di fortunate vicissitudini oggi non fanno la loro bella figura al British Museum di Londra. Le metope erano pronte a essere imbarcate per l'Inghilterra, ma *in extremis* si riuscì a bloccarne la spedizione. Oggi si trovano al museo archeologico della Città, per cui, se sei uno che ama il genere, il Salinas dovrebbe essere una delle prime visite.

In questo elenco di attrazioni turistiche valgono anche i posti che non sono monumenti in senso stretto? Facciamo di sì e mettiamoci dentro i Cantieri Culturali della Zisa, un grande agglomerato di archeologia industriale acquisito e recuperato man mano, con interventi parziali, capannone dopo capannone. Se fossimo a Parigi sarebbe diventato il Centre Pompidou, più la Grande Bibliothèque, più un grande auditorium, più spazi teatrali a volontà. Sarebbe stato inaugurato in grande e *dopo* avrebbe cominciato a funzionare. Nella Città, invece, non è chiaro se ci sia e quale sia un progetto di recupero definitivo. O meglio: ne sono esistiti diversi che sono stati stracciati o emendati più volte. Si è andati avanti con una apertura parziale, intervenendo quando ci sono voglia e soldi e tempo. Alcuni padiglioni sono diroccati, altri funzionano, ma funzionano fino a un certo punto. I Cantieri rappresentarono il miglior simbolo della rinascita culturale della Città avvenuta negli anni novanta, un momento di grande euforia in cui sulla cultura l'amministrazione comunale aveva scommesso parecchio. Ma col passare del tempo si è persa la spinta propulsiva. I pochi istituti a stabilire lì la propria sede, gli unici che ci hanno creduto sul serio, se ne sono presto pentiti. Perché una volta arrivati all'apice del fermento, subentrò la sazietà. Fatto il pieno di rassegne estive, festini, natali e capodanni, l'unica possibilità era superare questo stadio, rilanciare e andare oltre. Nella prima fase si trattava di convincere gli abitanti della Città a uscire da casa. Si può dire che avessero delle resistenze in questo senso, paragonabili a quelle che ora inchiodano te nella tua camera d'albergo. Ma riuscirono a superarle. Una volta stanati, una volta restituita la gioia di vivere, si trattava di dare un senso a questa massa di gente in libera uscita. La gioia di vivere ha bisogno di essere nutrita. Altrimenti uscire da casa sarà solo un ciondolare di sfaccendati e il problema del buon amministratore diventerà l'opposto, uguale a quello di tante mamme in apprensione: togliere dalla strada tutte queste persone. Ecco, su questo piano poi il progetto di rinascita si è arenato. I progetti culturali successivi sono talmente effimeri e fugaci che è addirittura inutile parlarne.

Ma non è il caso di avvilirti ulteriormente con discorsi del genere. Una guida non deve divagare, ma sforzarsi di dare, dei posti, l'immagine più accattivante possibile. Monumenti turistici s'era detto? E monumenti turistici siano. Fra quelli che meglio incarnano l'orgoglio cittadino merita un posto di rilievo il Teatro Massimo. Adesso gli abitanti della Città passano davanti al loro teatro lirico che credevano grigio scuro, quasi nero, e un poco si sono abituati a vederlo invece di un colore ocra che fino al '95 era impensabile. Si sono abituati persino a entrarci dentro, e ad assistere agli spettacoli che vi si svolgono. Ma per arrivare all'assuefazione si è dovuti passare da una chiusura durata ventitré anni. Per riuscire a riaprirlo c'è voluta una forzatura che ricorda quella del film *Fitzcarraldo*, dove un maniaco aveva l'ossessione di portare Caruso a cantare in mezzo alla foresta amazzonica e alla fine ci riusciva veramente. Quando vuole la Città è capace di questo genere di epici impazzimenti.

Un altro piccolo tesoro è il museo delle Marionette. Di solito solo soggiorni più lunghi e approfonditi possono permettersi una visita a quella che fu la collezione privata di Antonio Pasqualino, singolare figura di medico e appassionato di tradizioni popolari. È una esposizione che raccoglie marionette provenienti da ogni angolo del mondo. Il nucleo centrale è costituito dai *pupi*, che rappresentano la storia locale del teatro di figura. L'obiezione potrebbe essere che la museificazione del teatro popolare mette tristezza. Ma nell'Isola l'Opera dei pupi è una tradizione quasi completamente sradicata. Si fanno spettacoli, certo. Ma la partecipazione di un pubblico vero è da tempo inesistente. Spesso si tratta di versioni annacquate per i turisti. A nessuno oggi verrebbe in mente di seguire le saghe a puntate che duravano seicento episodi, distribuiti nell'arco di un paio d'anni.

Oggi sopravvivono solo pochi pupari, e uno solo veramente geniale: Mimmo Cuticchio, che è oltretutto anche l'erede di una stirpe di *cuntisti*, i narratori orali che raccontavano le gesta di Orlando e dei paladini di Francia. Restano lui e il museo delle Marionette, e a lungo fra loro i rapporti non sono stati particolarmente cordiali. Capita spesso, nella Città: fra persone che occupano spazi contigui, la concorrenza si trasforma presto in ostilità. Considerato il contesto storico, un museo per l'Opera dei pupi è ciò di cui bisogna accontentarsi.

Il fatto di doversi accontentare torna in continuazione. Forse è anche questo che ti scoraggia. Ma in effetti è vero il contrario: questa è la motivazione di fondo per cui la Città merita di essere conosciuta. L'Opera dei pupi non esiste più, ma vale la pena di essere vista per quello che fu. Una visita ai Cantieri Culturali si raccomanda non tanto per quel che sono, ma per quello che potevano essere o potrebbero tornare a essere un domani. E così via. Non sono valori di bellezza in sé, ma valgono per il fantasma di quel che furono. Un po' come il cartello giallo all'uscita dell'autostrada, ricordi?

Prendiamo il centro storico. Il suo fascino deriva in buona parte dall'assenza. Dal dopoguerra a oggi è successo che i ricchi lo hanno abbandonato per andare ad abitare nei quartieri a nord. Qualcuno ha notato che a partire dagli anni cinquanta diventò decisiva l'attrazione per le tapparelle. A un certo punto gli abitanti della Città si stufarono delle persiane alle finestre e decisero che volevano le tapparelle. Il sogno della tapparella provocò un esodo di massa. Tutta la borghesia andò a vivere nei palazzi di via Sciuti e viale Strasburgo, e così il centro rimase semideserto.

Gli abitanti della Città su questo argomento amano raccontarsi una storia: che la colpa sia stata dei *regnicoli*, dei *piedincretati*, dei paesani che vennero a inurbarsi nel dopoguerra per ingrossare le fila burocratiche della Regione. Furono loro i protagonisti di questa corsa al peggio urbanistico. Non amavano la Città. Non avevano ragione di amarla. In quanto originari della provincia, avevano anzi tutti i motivi per odiarla. E pertanto fecero di tutto per distruggere ogni forma di grazia sopravvissuta ai bombardamenti.

La storia non sta del tutto in piedi perché ad abbandonare il centro storico furono gli abitanti della Città, nessun altro. A poco a poco, dopo le case, crollarono anche i prezzi delle case superstiti, e fu naturale che nei quattro mandamenti venissero a stabilirsi i diseredati e gli extracomunitari. Il risultato è che questa, forse, è l'unica città al mondo in cui i poveri stanno al centro e i ricchi nella *banlieue*.

Seppure qualcosa vada cambiando, in molte zone del centro storico si ha la sensazione di attraversare una città fantasma. Un mercato fantasma è diventato per esempio la Vucciria. Colpa forse della sovraesposizione mediatica che attraverso gli anni ha avuto questo quartiere. Non c'era film o documentario che potesse prescindere da un fondale tanto pittoresco. Col tempo i commercianti dietro le monumentali bancarelle di olive si sono trasformati in comparse cinematografiche. La Vucciria diventò di moda. Troppi turisti, troppe macchine fotografiche, troppe telecamere fecero lievitare i prezzi. Fino a quando si arrivò al paradosso che gli stessi abitanti della zona per fare la spesa andavano da qualche altra parte. Esiste un piano di rinascita per la Vucciria, così come ne esistono per altri quartieri della Città. Ma a parte il recupero degli edifici pericolanti, un piano del genere non può prescrivere agli acquirenti di fare la spesa in un posto anziché in un altro.

Già oggi i turisti più consapevoli si aggirano fra i banchi della Vucciria chiedendosi se quello che stanno fotografando sia la realtà o una messinscena fatta a loro uso e consumo. Le *banniate*, le grida dei commercianti, sono voci che chiamano nel deserto fino a mezzogiorno, e poi smobilitano. Meglio allora andare al Capo, o a Ballarò, dove i mercanti si lamentano dei pochi affari ma almeno non sono costretti a mettere in scena la finzione del loro lavoro. Al Capo i mercanti sono mercanti, i clienti sono clienti, i pomodori sono pomodori, e i prezzi dei pomodori sono prezzi da pomodori. Di surreale ci sono solo i nomi delle strade: via Sedie Volanti, via Gioiamia, via Scippateste. Se mercato popolare dev'essere, tanto vale addirittura spostarsi al Borgo, che forse, proprio per il fatto di trovarsi fuori dal centro storico, ha mantenuto il suo carattere di teatro commerciale continuo: la spesa si può fare a qualsiasi ora del giorno e della notte, alla faccia dei regolamenti comunali.

Può darsi che tu sia un viaggiatore ricco e ti sia scelto un bell'albergo. Questo potrebbe essere uno dei motivi per cui affrontare la strada ti risulta difficile. Se sei nel ventre caldo dell'hotel delle Palme potresti persino lasciarti abbindolare dalle storie di questo albergo. Il personale si sarà affrettato a raccontarti di quando Richard Wagner fu ospite dell'hotel delle Palme, assieme a una corte di familiari e collaboratori. Avranno probabilmente taciuto però il suo commento epistolare: «un solo brigante ho conosciuto nella Città: il mio albergatore». Poi ti avranno raccontato dei grandi nomi transitati da qui. Tacendo però del grande convegno delle mafie d'Europa e d'America che si tenne nel dopoguerra proprio all'hotel delle Palme.

Vedendoti così restio a uscire, ti avranno raccontato del barone Di Stefano, che visse recluso in albergo per gran parte della sua vita. La leggenda diceva che fosse stato condannato a morte dalla cosca di Castelvetrano per un omicidio preterintenzionale che aveva commesso. In appello la sentenza venne poi commutata in ergastolo. E potendo scegliere, il barone scelse di trascorrere il resto dei suoi giorni recluso nell'albergo più lussuoso. In realtà quella del barone Di Stefano è solo un'altra leggenda di quelle che circolano nella Città, forse alimentata dallo stesso protagonista per rifiutare gli inviti mondani e giustificare la propria misantropia. Secondo un'altra versione, lo conoscevano bene anche a Bayreuth, dove da appassionato wagneriano andava a ogni possibile *Parsifal*. Solo nell'ultimo periodo della sua vita il barone non usciva più dalla camera, proprio come te. Ma non era una scelta e nemmeno ergastolo di mafia, bensì semplice malattia.

Soprattutto non ti avranno raccontato, perché ne andrebbe del buon nome dell'albergo, di come nella stanza 224 si sia ucciso con una overdose di farmaci un altro viaggiatore, lo scrittore francese Raymond Roussel. Era un quattordici luglio, giorno del Festino di santa Rosalia, mentre fuori la Città esplodeva nel massimo del suo fervore vitalistico.

Non è per far fretta a nessuno, ma questo non ti suona di malaugurio? Non basta a indurti a mettere da parte i tuoi timori? Certo, non si può negare che la Città sia uno dei pochi posti in Occidente dove, durante i sessanta anni di pace formale, si è invece combattuta una guerra che potrebbe ricominciare da un momento all'altro, facendo venire giù tutto quanto. Sarebbe disonesto non ammettere che da qualche parte il cuore di tenebra della Città batte ancora.

Ma è anche vero che il resto del mondo coltiva della Città una concezione tremendistica che è in buona parte leggendaria. Nella prima edizione dell'*Enciclopedia*, sotto la voce corrispondente si leggeva: *Antica città distrutta da un terremoto*. Un errore, un refuso. Ma da allora è toccato ai suoi abitanti dimostrare di essere invece ancora in vita e buona salute.

Se una spinta devi trovare, cercala proprio qui, nella possibilità che mentre ti tormenti nel chiuso della tua camera d'albergo, fuori stia succedendo una delle cose portentose che sempre la Città tiene in serbo. E se anche fosse un terremoto, pensi di salvarti rimanendo al riparo di un tetto? Una volta chiesero a Giovanni Falcone se avesse paura di venire ucciso. Lui rispose che la paura è umana, ma non bisogna lasciarsi condizionare da essa. Rispose precisamente, citando Shakespeare: chi ha coraggio muore una volta sola, chi ha paura muore molte volte. Diciamolo francamente: il fascino della Città consiste proprio nel fatto che sopravvivere adesso è possibile, ma non ancora banale.

Ne hai sentite di storie sulla Città. Anche questa guida ha contribuito a raccontartene almeno un paio che se non sono false, poco ci manca. Ma ti assicuro che qui vengono raccontate per vere, e dopo un poco questo genere di storie a forza di raccontarle diventano vere sul serio.

Una volta lo scrittore Paco Ignacio Taibo II ha detto che, non sapeva perché, ma l'Isola gli pareva una cipolla. È fatta a strati. Ogni volta che ne sbucci uno ne resta un altro da sbucciare, e così via. Aveva ragione. L'Isola è così. La Città è così. Tu puoi prenderla così com'è con la sua pellicola esterna. È un bell'oggetto, con una sua eccentrica perfezione. Questa è una cipolla, non c'è dubbio. Puoi prendere per buona la definizione che te ne hanno fatto e accontentarti di quella. Ma puoi anche provare a togliere la pellicola esterna e avrai ancora una cipolla, ma di un colore e di una forma leggermente diversi. Puoi tagliare le estremità inferiore e superiore, per aiutarti nell'operazione che stai provando a fare. Lì potresti avere dei problemi, perché la cipolla comincia a farti piangere. Piangi oltre la commozione, è un riflesso condizionato. Abbi pazienza, è anche questo un luogo comune: sbucciando le cipolle a un certo punto si comincia a piangere.

Il primo strato vero e proprio conviene levarlo perché è sempre un po' troppo grezzo per essere digeribile. Vai avanti. Sotto ce n'è un altro che già pare un po' meglio, di un colore più chiaro. Il tuo soffritto, se è un soffritto, potresti farlo con questa parte. Se la cipolla ti serve per l'insalata però è meglio togliere anche questo strato. In ogni caso la curiosità quasi sempre prevale, e si va avanti, strato dopo strato. Continui a sbucciare la cipolla lasciandoti sorprendere ogni volta dalla nuova sfumatura di bianco rosato che vai scoprendo. Ogni strato che viene sottratto non cambia la sostanza della cipolla. Cipolla era prima e cipolla rimane, anche se ormai è una cipolla rarefatta, dalle qualità molto più raffinate. Sbucci ancora uno strato, ancora un altro. Alla luce di ogni strato che vai svelando, quello precedente ti pare grossolano. Se ti fossi accontentato di quello avresti commesso uno sbaglio, perché quello sotto ti pare ancora più autentico, nella sua rarefazione. Fino a quando, a un certo punto, ti pare di avere colto la perfetta essenza della cipolla. Il bulbo del bulbo. Il distillato del distillato del distillato della cipolla. Ma c'è ancora una sottilissima pellicola che potresti togliere, e la tua mania di perfezionismo ti porta a scoprire cosa c'è pure sotto di quella. La togli con estrema attenzione e scopri che sotto non è rimasto più niente. Uno strato prima era ancora cipolla, perfettissima cipolla, e uno strato dopo non è più niente. Non puoi farci né il soffritto né l'insalata. Non puoi farci più niente.

Allo stesso modo devi considerare le cose che sai sulla Città. Puoi decidere di fermarti a un certo strato e accontentarti di quello. Il soffritto, l'insalata verranno buoni lo stesso.

Ma se sei il bravo viaggiatore che io credo che tu sia, devi andare avanti e provare a togliere ancora qualche strato. E devi essere tu a farlo. Anche se sbucciare la cipolla ti farà piangere non puoi lasciare agli altri il compito di farlo al tuo posto. Loro non sanno a quale strato della cipolla tu desideri fermarti, non sanno a che ti serve la cipolla, e rischiano di sottrarli uno dopo l'altro, buttarli via anche se sono buoni. Soprattutto, rischiano di sbucciare anche quell'ultima sottilissima sfoglia oltre la quale la cipolla non è più cipolla. La Città non è più Città.

Mi fa piacere vedere che rifletti. Prenditi tutto il tempo che vuoi per decidere quale è lo stadio della cipolla che ti serve per quello che vuoi fare. Ma poi alzati. Prendi il soprabito, se proprio ne senti il bisogno. Esci dalla camera. Scendi le scale. Saluta il portiere, afferra la maniglia del portone e abbassala. Apri la porta.

Subito la luce ti investe.

Hai ragione, ti ho riempito la testa di chiacchiere, ma ho dimenticato di metterti in guardia dalla luce della Città. Una luce efferata, che in certe ore può pugnalare gli occhi di chi non c'è abituato. Ora però non lasciarti prendere di nuovo dal panico. Puoi sempre comprare un paio di occhiali da sole.

E poi è giusto che tu sappia che sono tante le cose di cui in queste pagine non ti ho parlato. Ho tralasciato, per esempio, di insistere nell'encomio della bellezza di certi luoghi. Su alcuni dettagli di banale splendore non mi è parso che valesse la pena di insistere. In compenso stai pur certo che non ti ho nascosto nulla che possa spaventarti. Per cui, appunto: non spaventarti. Ormai sei fuori, il più è fatto. E per le cose che ho dimenticato di dirti, pazienza: vuol dire che le scoprirai da solo.

Ringraziamenti

Alcune delle riflessioni contenute in questo libro sono frutto di una committenza. Sono parti integralmente rielaborate, per le quali sento tuttavia di dover ringraziare i quotidiani e le riviste che nell'arco del tempo mi hanno chiesto di riflettere su determinati aspetti della città in cui vivo.

Questo libro è dovuto anche alla pazienza e alla disponibilità di alcuni amici che, leggendolo nella sua fase larvale, mi hanno aiutato a rimettermi a osservare le cose e lo stesso libro nella prospettiva giusta. Sempre ammettendo che alla fine la prospettiva sia effettivamente risultata giusta. Queste persone sono Marco Carapezza, Francesca Mercadante e Pippo Lo Cascio, Lucia Ferruzza, Annick Le Jan e i nove ragazzi del master avanzato sull'editoria della facoltà di Scienze della formazione. Più tutti gli altri che mi hanno raccontato le storie finite qui dentro.